D1687278

FINIST, LE BEAU FAUCON

CONTES RUSSES

Éditions «Radouga»
Moscou

Traduit du russe par
Colette Stoïanov et *Antoinette Mazzi*

Titre original
Пёрышко Финиста Ясна-сокола

© Éditions «Radouga», Moscou, 1990, pour la traduction française et les illustrations

ISBN 5-05-003207-5

Finist, le beau Faucon

Il était une fois un vieil homme. Il avait trois filles: l'aînée et la cadette étaient de vraies coquettes, mais la plus jeune était une bonne petite ménagère. Elle savait tout faire, tout lui réussissait. Et sa beauté était telle que ma bouche ne saurait le dire, ni ma plume le décrire: sourcils de soie, œil de velours, longue tresse blonde – l'orgueil des filles! – qui lui descendait jusqu'à la taille.

Un jour, le père décida d'aller en ville, à la foire, et il demanda à ses filles quels cadeaux leur ramener.

L'aînée lui dit:

– Achète-moi, mon père, un rouleau de soie écarlate!

La cadette lui demanda pour elle un rouleau de soie bleu azur.

– Et toi, ma petite fille chérie? demanda le père à la plus jeune.

– Achète-moi, mon père, une plume de Finist le beau Faucon.

Le père, tout étonné, leur fit ses adieux, monta dans sa charrette et partit pour la ville. Il acheta à ses deux aînées tout ce qu'elles avaient demandé, mais il eut beau chercher, il ne trouva nulle part de plume de Finist le beau Faucon.

Le vieil homme s'en revint chez lui et offrit à ses deux aînées les riches tissus.

– Voilà, mes chères filles, ce que vous m'avez demandé; quant à toi, dit-il à la plus jeune, je n'ai pas trouvé de plume de Finist le beau Faucon.

– Qu'y faire? dit-elle. Avec un peu de chance, ce sera pour la prochaine fois.

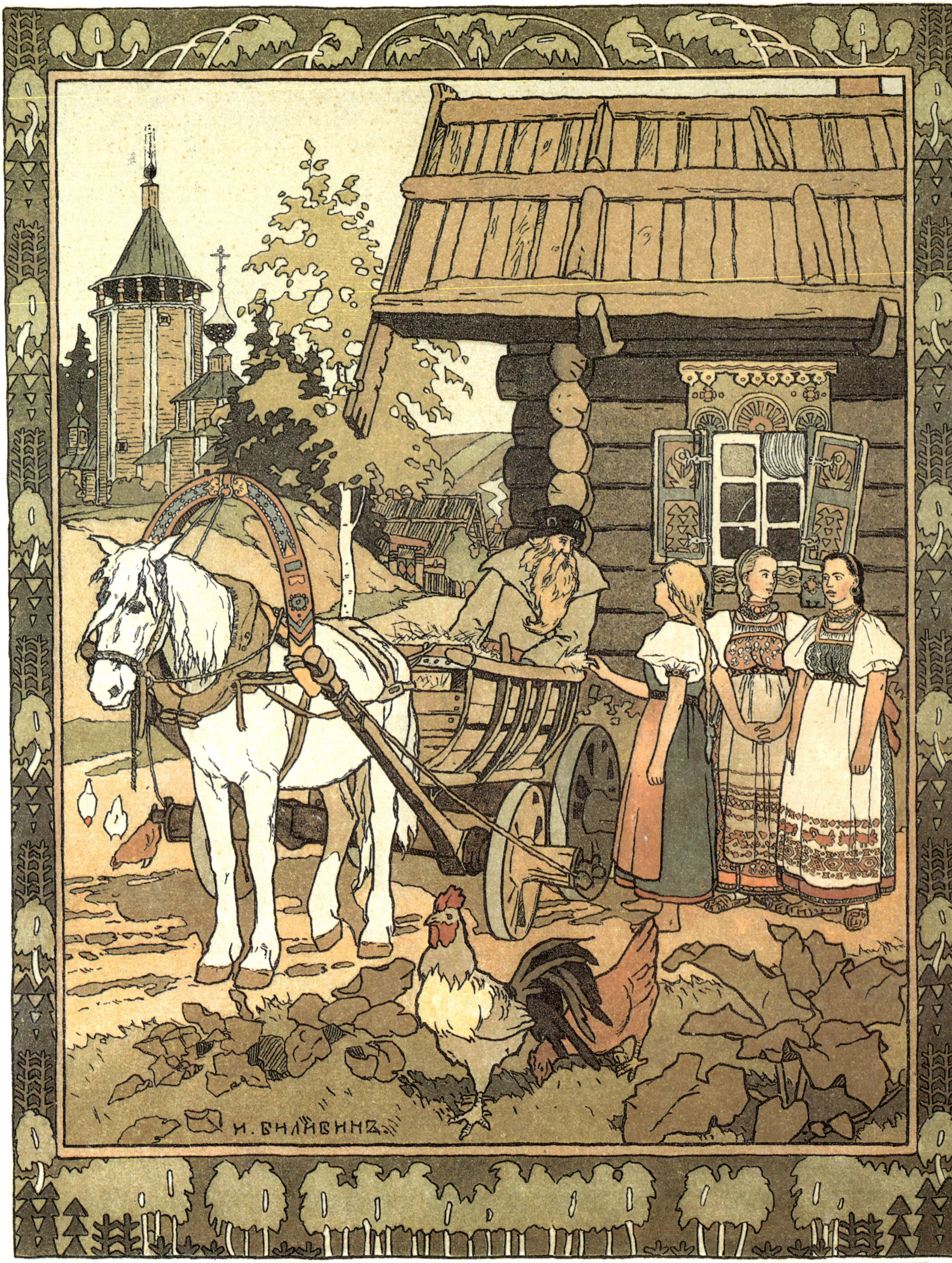
И. БИЛИБИНЪ

Les deux aînées coupèrent leurs tissus, se firent des robes neuves et se moquèrent de leur petite sœur, mais elle ne leur répondit pas.

Or, voici que le père, de nouveau, songea à se rendre en ville, à la foire, et leur demanda:

– Eh bien, mes filles, quels cadeaux voulez-vous?

L'aînée et la cadette voulaient chacune un joli châle, et la plus jeune dit toujours:

– Achète-moi, mon père, une plume de Finist le beau Faucon.

Le père monta dans sa charrette et partit pour la ville. Il acheta deux jolis châles, mais il eut beau regarder partout, il ne vit pas de plume de Finist le beau Faucon. En rentrant, il dit à sa fille:

– Tu sais, ma petite fille, je n'ai toujours pas trouvé de plume de Finist le beau Faucon.

– Ce n'est rien, mon père! Un autre jour, peut-être, la chance me sourira.

Le père, une troisième fois, partit pour la ville et demanda à ses filles:

– Dites-moi, mes filles, quels cadeaux voulez-vous?

Les deux aînées lui répondirent:

– Achète nous des boucles d'oreille.

Mais la plus jeune répétait toujours:

– Achète-moi, mon père, une plume de Finist le beau Faucon.

Le vieil homme arriva à la foire. Il acheta des boucles d'oreille en or et se mit à la recherche de la plume. Il chercha longtemps, longtemps, mais ne trouva rien. Tout triste, il rebroussa chemin. À peine passé l'octroi, il croisa un petit vieux aux cheveux blancs qui portait une toute petite boîte.

– Que portes-tu là, mon compère?

– Une plume de Finist le beau Faucon.

– Combien en demandes-tu?

– Mille roubles.

Le père lui tendit l'argent et rentra chez lui avec la boîte.

Il arriva, ses filles lui firent bon accueil, et il offrit aux deux aînées les boucles d'oreille en or.

– Tiens, ma petite fille chérie, dit-il à la plus jeune, je t'ai enfin trouvé un cadeau. Prends.

La plus jeune sauta de joie, prit la boîte et la serra contre son cœur en la couvrant de baisers.

Après le dîner, chacun s'en fut se coucher. La plus jeune des filles se retira dans sa chambre, ouvrit la boîte, jeta la plume par terre et dit:

– Viens à moi, Finist, mon beau Faucon, montre-toi, mon doux fiancé!

Et voici qu'apparut devant elle un beau jeune homme. Elle eut d'abord un peu peur, mais dès qu'il lui adressa la parole, son cœur s'emplit de joie et de bonheur. Et ils se mirent à parler. Les sœurs les entendirent et demandèrent:

– À qui parles-tu donc, sœurette?

– Je parle toute seule, répondit la jeune fille.

– Ouvre-nous, pour voir.

Le beau prince se laissa tomber au sol et redevint plume. La jeune fille la rangea dans sa boîte et ouvrit la porte. Les sœurs furetèrent et farfouillèrent partout, mais ne trouvèrent personne. Elles se retirèrent, et la plume, de nouveau, se changea en prince. Dès que l'aube pointa, la jeune fille ouvrit la fenêtre. Finist le beau Faucon l'embrassa et lui dit:

— Chaque nuit, dès que tu m'appelleras, je volerai vers toi, mon aimée! Et si jamais besoin te vient de te parer, sors sur le seuil et agite ma plume à main droite: en un instant tu auras tout ce que ton cœur désire. Puis agite la plume à main gauche, et tout disparaîtra.

Il l'embrassa encore, se transforma en beau faucon et s'envola vers la forêt profonde. La jeune fille le suivit des yeux, ferma la fenêtre et alla se coucher.

Et depuis, chaque nuit, le prince Finist le beau Faucon lui rendit visite.

Le dimanche arriva. Les sœurs aînées se préparaient à se rendre à l'église. Elles mirent leurs belles robes neuves, prirent leurs jolis châles, se parèrent de leurs boucles d'oreille en or et se moquèrent de leur petite sœur:

— Et toi, comment vas-tu t'habiller? Tu n'as rien à te mettre! Reste à la maison avec ta plume!

Elle leur répondit:

— Je veux bien rester à la maison, cela ne me dérange point.

Les aînées achevèrent de se parer et s'en furent à l'église, et la plus jeune resta assise à la fenêtre, dans sa vieille robe usée, à regarder le bon peuple passer.

Elle attendit un moment, sortit sur le seuil, regarda bien autour d'elle pour s'assurer que personne ne la voyait, agita la plume à main droite, et voici qu'apparurent soudain un carrosse de cristal, des chevaux magnifiques, une servante en robe d'or, de merveilleux atours et des ruisseaux de pierreries.

La jeune fille se para en un instant, monta dans le carrosse et se rendit à l'église. Le bon peuple, voyant cette beauté, criait au miracle: «Ce sera une princesse de quelque lointain pays!» L'office n'était pas encore terminé qu'elle sortit de l'église, remonta dans son carrosse et s'en fut. Le bon peuple aurait bien voulu sortir pour voir où elle allait, mais le temps de se décider, c'était déjà trop tard. Elle avait disparu sans laisser de trace.

La jeune fille arriva devant chez elle, agita aussitôt la plume à main gauche, en un clin d'œil la servante l'aida à se déshabiller, et le carrosse s'évanouit.

Et la revoilà assise à la fenêtre, comme si de rien n'était, à regarder le bon peuple sortir de l'église et regagner ses foyers. Ses deux sœurs aussi rentrèrent au logis.

— Tu sais, sœurette, dirent-elles, nous avons vu une de ces beautés, à l'église! Une vraie merveille, jamais au grand jamais on n'a vu sa pareille! Ce devait être une princesse de quelque lointain pays. Et comme elle était habillée! Dire que tu es restée ici et que tu n'as rien vu!

— Ce n'est rien, mes sœurs, vous m'avez tout raconté, c'est comme si je l'avais vu.

Passèrent un deuxième, un troisième dimanche. La jeune fille trompait toujours allégrement le bon peuple, son père et ses sœurs. Mais enfin, en se dévêtant, elle oublia dans sa lourde tresse une épingle de diamant.

Ses sœurs aînées rentrèrent de l'église, lui parlèrent de la belle princesse et aperçurent soudain le diamant qui brillait dans ses cheveux.

— Ah, sœurette! Qu'as-tu là? s'écrièrent-elles. C'est exactement l'épingle que la princesse portait aujourd'hui! Où l'as-tu trouvée?

La jeune fille poussa un cri et alla se cacher dans sa chambre. Les sœurs alors de se poser mille questions, de faire mille suppositions et de se chuchoter Dieu sait quoi, mais la plus jeune ne dit toujours rien, et sourit à part soi.

Les sœurs décidèrent alors de l'épier, d'écouter ce qui se passait la nuit dans sa chambre. Et voici qu'elles surprirent une de ses conversations avec Finist le beau Faucon. Elles coururent trouver leur père.

– Père! Notre sœur reçoit quelqu'un toutes les nuits, et il est encore là à lui parler!

Le père se leva, se dirigea vers la chambre de sa benjamine, mais il y avait beau temps que le prince s'était changé en plume et reposait dans sa petite boîte.

– Ah, misérables! s'écria le père. Vous l'avez calomniée en vain! Vous feriez mieux de vous surveiller vous-mêmes!

Mais les sœurs ne s'avouèrent pas battues. À force d'espionner, elles finirent par voir le faucon entrer une nuit par la fenêtre. Alors elles décidèrent de lui tendre un piège. Dès que la nuit tomba, elles posèrent une échelle contre le mur et semèrent le rebord de la fenêtre de couteaux pointus et d'aiguilles.

Et cette nuit-là, Finist le beau Faucon, malgré tous ses efforts, ne put parvenir à entrer dans la chambre, il ne fit que se lacérer la poitrine et se cisailler les ailes. La jeune fille, elle, dormait à poings fermés et ne l'entendit pas.

— Adieu, ma belle! dit-il. Si tu veux me retrouver, il te faudra traverser neuf pays et sept royaumes. Et avant de me trouver, trois paires de souliers de fer useras, trois gourdins de fonte raboteras, trois pains de brique engloutiras.

Ces funestes paroles, la jeune fille les entendit comme à travers un songe, mais ne pouvait ni se réveiller, ni se lever.

Au matin s'éveilla la belle, regarda autour d'elle: il faisait déjà clair, bientôt le soleil allait se lever, et le jeune prince, Finist le beau Faucon n'était pas encore venu! Elle se pencha à sa fenêtre, et aperçut, lame contre lame, les couteaux pointus et les aiguilles effilées, et quelques gouttes de sang vermeil.

— C'est donc que mes sœurs l'ont tué, mon doux ami! se désola-t-elle.

Et de verser bien des pleurs. De longues nuits elle passa à sa fenêtre, à agiter la plume de Finist, et à attendre la venue du beau Faucon ou de ses serviteurs. Enfin, les yeux pleins de larmes, elle alla trouver son père et le supplia:

— Père, mon cher père, laisse-moi partir sur les grands chemins. Si je reste en vie, nous nous reverrons, si je meurs, c'est que tel était mon destin.

Le père en fut bien affligé, mais il la laissa partir. Elle se fit faire trois paires de souliers de fer, trois gourdins de fonte, alla chercher trois pains de brique. Elle chaussa les souliers de fer, prit en main le gourdin de fonte et s'en fut du côté d'où elle voyait venir à elle Finist le beau Faucon.

Elle cheminait, et sa route la menait au plus profond des forêts, au plus sec des déserts, au plus haut des montagnes, au plus rapide des torrents.

Marcha-t-elle longtemps ainsi, nul ne le sait. La forêt était de plus en plus noire, de plus en plus touffue, et ses plus hautes branches griffaient le ciel. Elle avait déjà usé sa première paire de souliers de fer, raboté son gourdin de fonte, englouti son premier pain de brique. Soudain, elle arriva dans une clairière, et elle aperçut une isba juchée sur pattes de poule, qui tournait, tournait sur elle-même.

Elle dit:

— Isba, petite isba! Tourne le dos aux bois et ouvre-toi à moi! À ton feu vais me réchauffer, le pain de ton fourneau manger!

La petite isba s'ouvrit à elle. Elle entra et vit à l'intérieur la sorcière Baba-Yaga, pieds fourchus, bouche lippue, nez crochu.

— Snif, snif, snif! fit Baba-Yaga. Ça sent la chair fraîche! Il y a bien longtemps que fille d'homme de mes yeux n'ai vue, de mes oreilles entendue, et en voilà une qui court le vaste monde pour arriver jusque chez moi et me sauter dans les bras! Que viens-tu faire ici, ma belle? Tenter ta chance ou fuir ton sort?

— Grand-mère, j'avais un fiancé, Finist le beau Faucon au rutilant plumage, mais mes sœurs lui ont fait du mal, et je suis partie à sa recherche.

— Tu as encore bien loin à aller, ma belle! Finist le beau Faucon au rutilant plumage vit au-delà des neuf pays et des sept royaumes, au bord de la mer d'azur, et il vient de se fiancer à la princesse. Mais je veux bien t'aider.

Baba-Yaga lui donna à boire et à manger et la coucha, et le lendemain matin, à peine l'aube palpitait-elle qu'elle la réveillait, et lui faisait présent pour la route d'une quenouille d'argent et d'un fuseau d'or.

— Et maintenant, lui dit-elle, va trouver ma sœur aînée, elle te sera de bon conseil; quant à moi, voici mon cadeau: quenouille d'argent et fuseau d'or. Quand à filer tu te mettras, un beau fil d'or dévideras. Dès que tu arriveras au-delà des neuf pays et des sept royaumes, au bord de la mer d'azur, la fiancée de Finist le beau Faucon sortira se promener sur la grève, et tu commenceras ton ouvrage. Elle voudra bien t'acheter mon petit cadeau, mais n'accepte d'elle ni or ni argent, demande-lui seulement à voir Finist le beau Faucon.

Et Baba-Yaga, prit un peloton de fil, le lança sur la route et dit à la jeune fille:

— Le peloton roulera, se déroulera, et toi tu le suivras.

La jeune fille remercia la vieille et s'en fut suivre son peloton. Et la voilà bientôt qui s'enfonça dans la forêt, et la forêt était toujours plus noire et plus touffue, et ses plus hautes branches griffaient le ciel. Déjà, elle avait usé sa deuxième paire de souliers de fer, raboté son deuxième gourdin de fonte, englouti son deuxième pain de brique. Mais le peloton roula soudain dans une clairière. Là, elle aperçut une isba juchée sur pattes de poule, et qui tournait, tournait sur elle-même.

— Isba, petite isba, dit-elle. Tourne le dos aux bois et ouvre-toi à moi! À ton feu vais me réchauffer, le pain de ton fourneau manger!

La petite isba tourna le dos aux bois et s'ouvrit à la jeune fille.

Elle entra, et à l'intérieur elle vit la sorcière Baba-Yaga, pieds fourchus, bouche lippue, nez crochu.

— Snif, snif, snif! Ça sent la chair fraîche! Il y a bien longtemps que fille d'homme de mes yeux n'ai vue, de mes oreilles entendue, et en voilà une qui court le vaste monde pour arriver jusque chez moi et me sauter dans les bras! Que viens-tu faire ici, ma belle? Tenter ta chance ou fuir ton sort?

Et la jeune fille répondit:

— Grand-mère, j'avais un fiancé, Finist le beau Faucon au rutilant plumage, mais mes sœurs lui ont fait du mal et je suis partie à sa recherche.

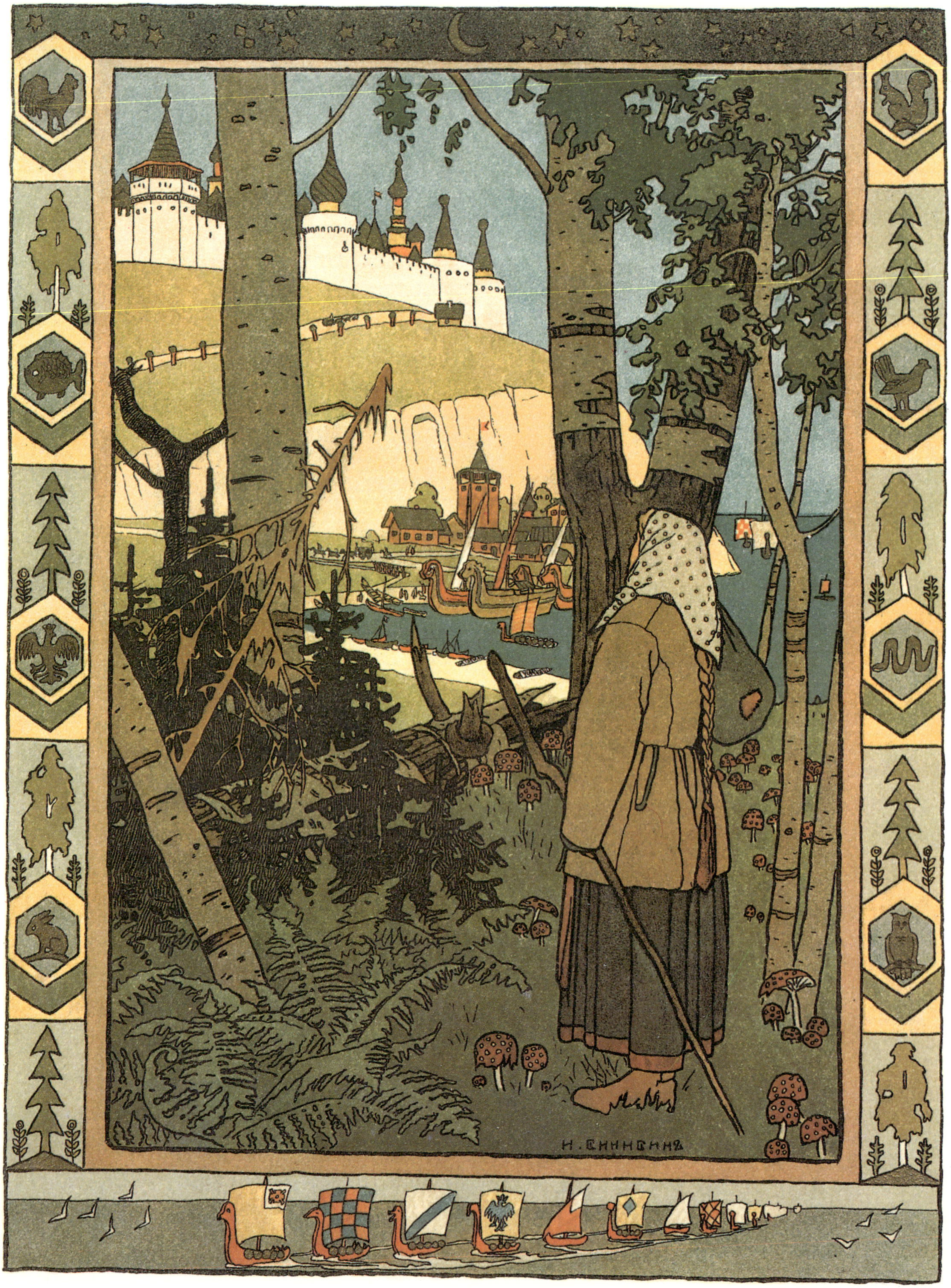
И. БИЛИБИНЪ

– Eh, ma belle, ma belle, c'est qu'il songe déjà à se marier, ton Finist! Demain, ses femmes et ses servantes pareront pour les noces sa fiancée! Mais je veux bien t'aider, dit Baba-Yaga.

Elle lui donna à boire et à manger, la coucha et le lendemain matin, avant même le lever du soleil, elle la réveilla, et lui fit présent pour la route d'un petit plat d'argent et d'un œuf d'or.

– Va trouver ma sœur aînée, lui dit-elle, elle te sera de bon conseil; quant à moi, voici mon cadeau: plat d'argent et œuf d'or. Dès que tu arriveras au-delà des neuf pays et des sept royaumes, au bord de la mer d'azur, la fiancée de Finist le beau Faucon sortira se promener sur la grève, mets-toi alors à rouler ton œuf d'or sur le plat d'argent. Elle voudra bien t'acheter mon petit cadeau, mais n'accepte d'elle ni or ni argent, demande-lui seulement à voir Finist le beau Faucon.

La jeune fille lui dit adieu et se remit à suivre son peloton.

Et elle s'enfonça toujours plus loin dans la forêt profonde, et la forêt était de plus en plus noire et touffue, ses plus hautes branches griffaient le ciel. Elle avait déjà usé sa troisième paire de souliers de fer, raboté son troisième gourdin de fonte, englouti son dernier pain de brique. Enfin, le peloton s'arrêta dans une clairière. Là, elle aperçut une isba juchée sur pattes de poule, qui tournait, tournait sur elle-même.

La jeune fille lui dit:

– Isba, petite isba! Tourne le dos aux bois et ouvre-toi à moi! À ton feu vais me réchauffer, le pain de ton fourneau manger!

L'isba lui obéit, tourna le dos aux bois et s'ouvrit à elle.

À l'intérieur, elle vit encore la sorcière Baba-Yaga, pieds fourchus, bouche lippue, nez crochu. C'était la plus vieille des trois.

– Snif, snif, snif! Ça sent la chair fraîche! Il y a bien longtemps que fille d'homme de mes yeux n'ai vue, de mes oreilles entendue, et en voilà une qui court le vaste monde pour arriver jusque chez moi et me sauter dans les bras! Que viens-tu faire ici, ma belle? Tenter ta chance ou fuir ton sort?

Et la jeune fille lui répondit:

– Grand-mère, j'avais un fiancé, Finist le beau Faucon au rutilant plumage, mais mes sœurs lui ont fait du mal et il est parti au-delà des mers, par-delà les monts, il a traversé les neuf pays et les sept royaumes, et je suis partie à sa recherche.

– Ah, ma belle, misère de toi, il vient d'épouser la princesse! Mais je veux bien t'aider.

Elle lui donna à boire et à manger, la coucha et le lendemain, à peine les étoiles s'étaient-elles éteintes qu'elle la réveillait déjà et lui faisait cadeau pour la route d'un métier à broder et d'une aiguille en or.

– Suis ta route, ma belle, et prends mon cadeau: un métier à broder et une aiguille en or. Tu n'auras qu'à tenir le métier, l'aiguille brodera elle-même. Dès que tu arriveras au-delà des neuf pays et des sept royaumes, assieds-toi au bord de la mer d'azur, et la princesse que vient d'épouser Finist le beau Faucon s'approchera de toi, voudra t'acheter ton métier et ton aiguille, mais n'accepte d'elle ni or ni argent, et demande-lui seulement à voir Finist le beau Faucon.

La jeune fille pleura des larmes amères, remercia la vieille et se remit à suivre son peloton.

Mais la forêt déjà s'éclaircissait. Voici que s'étendait devant elle la mer d'azur, la mer immense, et que là-bas, au loin, luisaient les coupoles dorées d'un grand château blanc.

«C'est donc ici, le royaume de Finist le beau Faucon», pensa-t-elle, puis elle s'assit sur le sable de la grève, prit sa quenouille d'argent et son fuseau d'or et se mit à filer: un beau fil d'or se dévida. Le bon peuple se pressait autour d'elle en criant au miracle.

Soudain vint à passer la princesse avec ses femmes et ses servantes, elle aperçut la jeune fille, s'arrêta et la pria de lui vendre sa quenouille d'argent et son fuseau d'or.

— Laisse-moi voir, rien qu'une fois, Finist le beau Faucon, et je t'en fais cadeau.

La princesse voulut d'abord se fâcher, puis elle pensa s'amuser un peu à ses dépens.

— Très bien, donne-moi ta quenouille d'argent et ton fuseau d'or, et cette nuit, qu'il en soit selon ta volonté: dès que Finist le beau Faucon sera endormi, je te le montrerai.

La princesse prit la quenouille et le fuseau, et le soir versa dans la coupe de Finist un philtre qui le ferait dormir longtemps d'un sommeil de plomb. Puis elle ordonna à ses femmes et à ses servantes de conduire la jeune fille au palais, dans la chambre de son époux, Finist le beau Faucon.

Longtemps la jeune fille resta au chevet de son fiancé endormi, longtemps elle pleura sur son aimé:

— Éveille-toi, lève-toi, Finist, mon beau Faucon! C'est moi, ta fiancée, trois paires de souliers de fer j'ai usé, trois gourdins de fonte rabotés et trois pains de brique engloutis, et je t'ai enfin retrouvé, mon bien-aimé!

Mais Finist le beau Faucon dormait d'un sommeil de plomb. Ainsi passa la nuit.

Au matin, la princesse chassa la jeune fille. Finist le beau Faucon s'éveilla et dit à son épouse:

— Oh, que j'ai donc dormi longtemps! Il y avait quelqu'un ici, qui pleurait et psalmodiait, mais je ne pouvais pas ouvrir les yeux, quelle torture!

— Tu as rêvé, répondit la princesse, il n'est venu personne.

Le lendemain la jeune fille vint encore s'asseoir au bord de la mer d'azur, et fit rouler son œuf d'or sur son plat d'argent.

La princesse s'en fut se promener, vit l'œuf d'or et le plat d'argent et supplia la jeune fille de les lui vendre.

— Laisse-moi voir, rien qu'une fois, Finist le beau Faucon, et je t'en fais cadeau!

La princesse accepta, et le soir venu versa encore son philtre dans la coupe de Finist.

De nouveau, la jeune fille versa des larmes amères sur son fiancé sans pouvoir le réveiller.

— Éveille-toi, lève-toi, Finist, mon beau Faucon! C'est moi, ta fiancée, trois paires de souliers de fer j'ai usé, trois gourdins de fonte rabotés et trois pains de brique engloutis, et je t'ai enfin retrouvé, mon bien-aimé!

Mais Finist le beau Faucon dormait d'un sommeil de plomb. Ainsi passa la nuit.

Au matin, la princesse chassa la jeune fille. Finist le beau Faucon se réveilla et dit à son épouse:

— Oh, que j'ai donc dormi longtemps! Il y avait quelqu'un ici, qui pleurait et psalmodiait, mais je ne pouvais pas ouvrir les yeux, quelle torture!

— Tu as rêvé, répondit la princesse, il n'est venu personne.

Le lendemain la jeune fille vint s'asseoir au bord de la mer d'azur, toute triste, toute dolente. Elle tenait dans ses mains son métier à broder, et l'aiguille d'or brodait toute seule, entre-croisant les fils. Le bon peuple la regardait et criait au miracle. La princesse la vit et voulut lui acheter son métier.

— Laisse-moi, rien qu'une fois, voir Finist le beau Faucon, et je t'en fais cadeau!

La princesse accepta et rentra au palais, et le soir venu elle versa le philtre dans la coupe de son époux. Dès qu'il fut endormi d'un sommeil de plomb, elle envoya ses femmes et ses servantes quérir la jeune fille.

Celle-ci arriva, voulut réveiller son bien-aimé, l'embrassa, le couvrit de baisers, tout en versant des larmes amères: non, son aimé ne se réveillerait pas!

— Éveille-toi, lève-toi, Finist, mon beau Faucon! C'est moi, ta fiancée, trois paires de souliers de fer j'ai usé, trois gourdins de fonte rabotés et trois pains de brique engloutis, et je t'ai enfin retrouvé, mon bien-aimé!

Longtemps elle pleura, longtemps elle chercha ainsi à le réveiller, quand soudain une de ses larmes coula sur la joue de son fiancé. Cette larme le brûla, et il s'éveilla aussitôt. En voyant la belle jeune fille, sa joie fut plus grande que je ne saurais le dire.

Elle lui raconta tout ce qui s'était passé: la jalousie de ses méchantes sœurs, ses errances et son marchandage avec la princesse.

Son amour pour elle en augmenta encore, il baisa ses lèvres de miel et réunit sans attendre ses preux, ses conseillers et tout le peuple. Il leur demanda:

— Selon vous, à quelle femme dois-je unir mes jours, à celle qui m'a vendu ou à celle qui m'a racheté? À celle qui pour moi a pénétré au plus profond des forêts, au plus sec des déserts, au plus haut des montagnes et au plus rapide des torrents, ou à celle qui m'a échangé contre un joujou?

Les preux, les conseillers et tout le peuple réfléchirent longtemps et s'exclamèrent d'une seule voix: tu dois vivre avec celle qui t'a racheté.

Ainsi fit Finist le beau Faucon au rutilant plumage.

Et tonnez canons, sonnez buccins, préparons-nous tous au festin! Ils se marièrent et vécurent longtemps heureux.

lente. Elle tenait dans ses mains son métier à broder, et l'aiguille d'or brodait toute seule, entre-croisant les fils. Le bon peuple la regardait et criait au miracle. La princesse la vit et voulut lui acheter son métier.

— Laisse-moi, rien qu'une fois, voir Finist le beau Faucon, et je t'en fais cadeau!

La princesse accepta et rentra au palais, et le soir venu elle versa le philtre dans la coupe de son époux. Dès qu'il fut endormi d'un sommeil de plomb, elle envoya ses femmes et ses servantes quérir la jeune fille.

Celle-ci arriva, voulut réveiller son bien-aimé, l'embrassa, le couvrit de baisers, tout en versant des larmes amères: non, son aimé ne se réveillerait pas!

— Éveille-toi, lève-toi, Finist, mon beau Faucon! C'est moi, ta fiancée, trois paires de souliers de fer j'ai usé, trois gourdins de fonte rabotés et trois pains de brique engloutis, et je t'ai enfin retrouvé, mon bien-aimé!

Longtemps elle pleura, longtemps elle chercha ainsi à le réveiller, quand soudain une de ses larmes coula sur la joue de son fiancé. Cette larme le brûla, et il s'éveilla aussitôt. En voyant la belle jeune fille, sa joie fut plus grande que je ne saurais le dire.

Elle lui raconta tout ce qui s'était passé: la jalousie de ses méchantes sœurs, ses errances et son marchandage avec la princesse.

Son amour pour elle en augmenta encore, il baisa ses lèvres de miel et réunit sans attendre ses preux, ses conseillers et tout le peuple. Il leur demanda:

— Selon vous, à quelle femme dois-je unir mes jours, à celle qui m'a vendu ou à celle qui m'a racheté? À celle qui pour moi a pénétré au plus profond des forêts, au plus sec des déserts, au plus haut des montagnes et au plus rapide des torrents, ou à celle qui m'a échangé contre un joujou?

Les preux, les conseillers et tout le peuple réfléchirent longtemps et s'exclamèrent d'une seule voix: tu dois vivre avec celle qui t'a racheté.

Ainsi fit Finist le beau Faucon au rutilant plumage.

Et tonnez canons, sonnez buccins, préparons-nous tous au festin! Ils se marièrent et vécurent longtemps heureux.

Maria Morievna

Il était une fois, dans un lointain royaume, un prince nommé Ivan. Il avait trois sœurs: la princesse Marie, la princesse Olga et la princesse Anne.

Leurs parents, avant de mourir, avaient ordonné à leur fils:

— Donne tes sœurs en mariage aux premiers qui en feront demande; ne les garde point trop longtemps auprès de toi.

Après avoir enterré leurs parents, le prince et ses sœurs, pleins de tristesse, s'en allèrent se promener sous les ombrages du jardin.

Mais un énorme nuage noir envahit soudain le ciel, une terrible tempête se leva.

— Mes chères sœurs, rentrons à la maison, dit le prince Ivan.

À peine étaient-ils entrés dans le palais que le tonnerre se mit à gronder, le plafond s'ouvrit et un beau faucon pénétra dans la pièce. Il tomba au sol, le beau faucon, et se transforma en un splendide jeune homme qui s'écria:

— Salut à toi, prince Ivan! Auparavant je venais en visiteur, je viens maintenant en prétendant: je voudrais épouser ta sœur, la princesse Marie.

— Si tu plais à ma sœur, je ne la retiendrai point. Qu'elle te suive!

La princesse Marie accepta. Le Faucon l'épousa et l'emmena dans son royaume.

Les jours se suivent, les heures fuient, toute une année s'écoula sans qu'on s'en rendît compte. Le prince Ivan alla se promener avec ses sœurs sous les ombrages du jardin. À nouveau un nuage survint, puis un ouragan et des éclairs.

— Mes chères sœurs, rentrons à la maison, dit le prince Ivan.

À peine étaient-ils entrés dans le palais que le tonnerre se mit à gronder. Le toit tomba, le plafond s'ouvrit et un aigle pénétra dans la pièce. Il tomba sur le sol, le bel aigle, et se transforma en un splendide jeune homme.

— Salut à toi, prince Ivan! Auparavant je venais en visiteur, je viens maintenant en prétendant.

Et il demanda la princesse Olga en mariage.

Le prince Ivan répondit:

— Si tu plais à ma sœur, qu'elle te suive, qu'elle fasse selon son gré.

La princesse Olga accepta d'épouser l'Aigle. Et l'Aigle l'emmena dans son royaume.

Une autre année s'écoula. Le prince Ivan dit un jour à sa plus jeune sœur:

— Allons nous promener sous les ombrages du jardin.

Ils ne se promenèrent pas longtemps. À nouveau un orage survint.

— Ma sœur, rentrons à la maison!

Rentrés chez eux, à peine eurent-ils le temps de s'asseoir que le tonnerre se mit à gronder. Le plafond s'ouvrit soudain et un corbeau pénétra dans la pièce. Il tomba sur le sol, le corbeau, et se transforma en un jeune homme. Si les deux autres étaient fort beaux, celui-ci l'était plus encore.

— Eh bien, prince Ivan, auparavant je venais en visiteur, je viens maintenant en prétendant: donne-moi pour épouse la princesse Anne.

— Que ma sœur fasse selon son gré: si tu lui plais, qu'elle te suive.

Et la princesse Anne épousa le Corbeau qui l'emmena dans son royaume.

Le prince Ivan demeura seul. Toute une année il vécut sans ses sœurs, mais bientôt il sentit l'ennui le gagner.

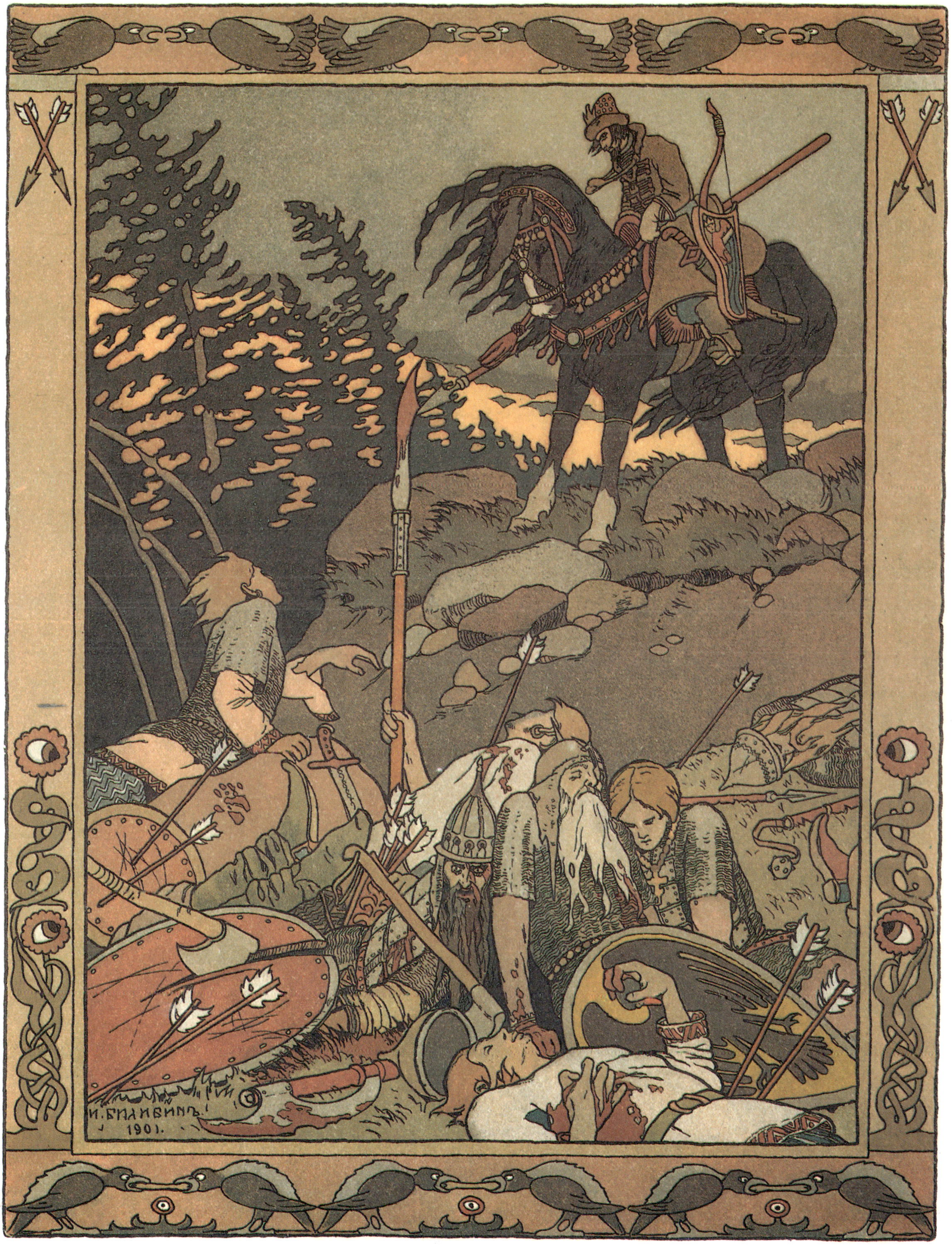
И. БИЛИБИНЪ
1901.

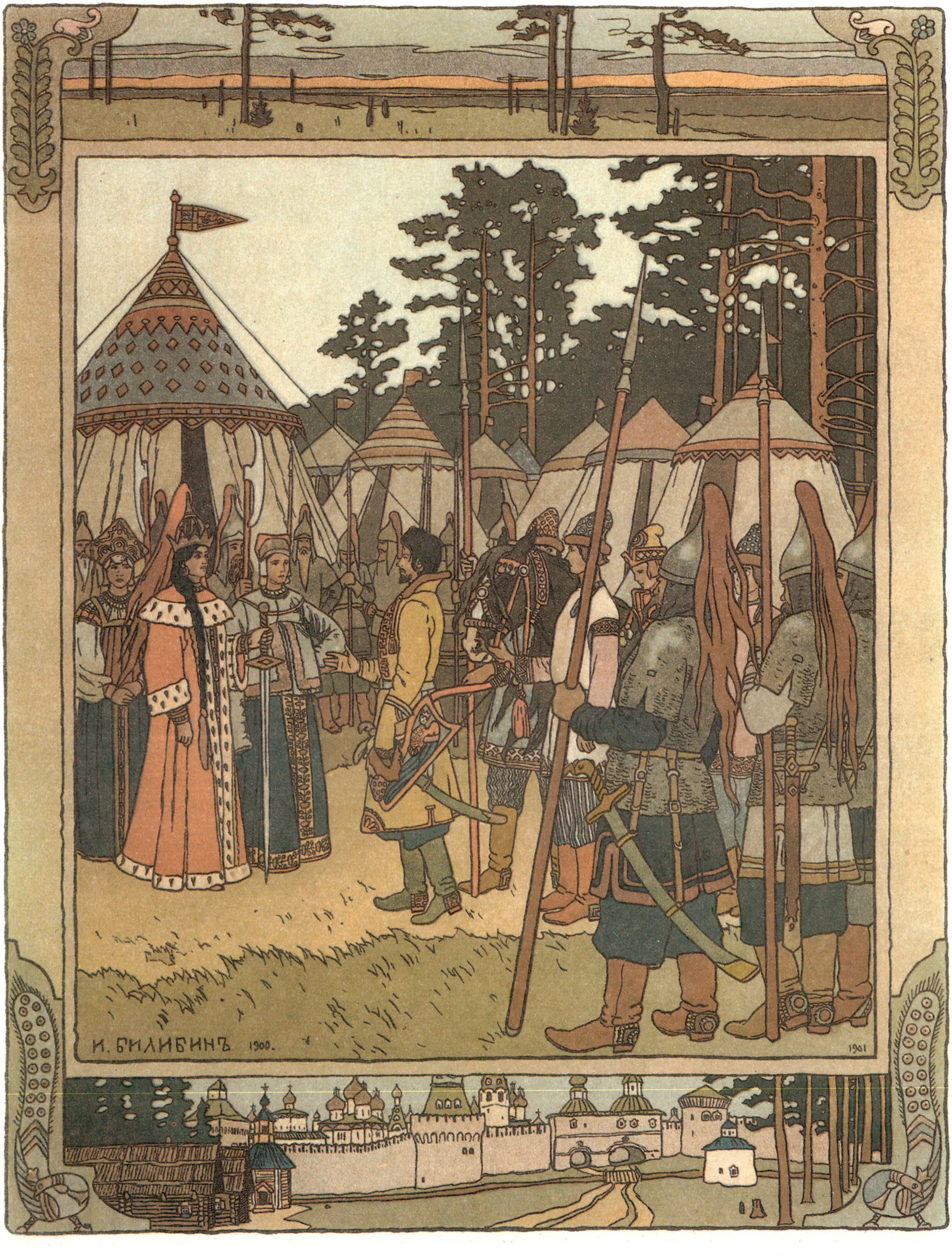
И. БИЛИБИНЪ 1900.
1901

— Je vais m'en aller, dit-il, à la recherche de mes sœurs.

Il se mit en route. Il marcha longtemps, très longtemps et aperçut soudain dans la plaine immense toute une armée vaincue. Le prince Ivan demanda:

— S'il est encore un être vivant, qu'il me réponde et me dise qui a vaincu cette grande armée.

Et un soldat lui répondit:

— Toute cette immense armée, c'est Maria Morievna, la très belle reine, qui l'a vaincue.

Le prince Ivan continua son chemin et arriva bientôt devant des tentes toutes blanches. Il vit alors Maria Morievna, la très belle reine, qui venait à sa rencontre.

— Salut à toi, beau prince, où Dieu te conduit-il donc? Es-tu parti de ton plein gré ou t'y a-t-on forcé?

Et le prince Ivan lui répondit:

— Les vaillants chevaliers jamais ne partent contre leur gré.

— Eh bien, si tu n'es pas pressé, sois mon hôte, entre sous ma tente.

Le prince Ivan accepta avec joie et passa deux nuits sous sa tente. Maria Morievna se prit d'amour pour lui et il l'épousa.

Maria Morievna, la très belle reine, l'emmena dans son royaume. Ils vécurent quelque temps ensemble, puis la reine décida de partir en guerre. Elle chargea le prince Ivan de diriger le royaume et lui ordonna:

— Tu peux visiter tout mon palais, à l'exception de cette chambre: tu ne dois pas l'ouvrir.

Mais le prince Ivan ne put y résister. À peine Maria Morievna s'en était-elle allée qu'il se précipita vers la chambre, ouvrit la porte et regarda: il vit Kochtchéi l'Immortel chargé de douze chaînes.

Kochtchéi demanda au prince Ivan:

— Aie pitié de moi, donne-moi à boire: depuis dix ans je souffre en ce réduit, sans boire ni manger, ma gorge est toute desséchée.

Le prince lui donna un seau d'eau; il le but et demanda encore:

— Un seau ne peut suffire à étancher ma soif. Donne-m'en encore.

Le prince lui donna un second seau d'eau. Kochtchéi le but et en demanda un troisième. À peine eut-il bu le troisième seau d'eau qu'il retrouva toutes ses forces, il secoua ses chaînes et rompit les douze d'un seul coup.

— Merci, prince Ivan, s'écria Kochtchéi l'Immortel, plus jamais sur Maria Morievna tes yeux ne se poseront.

En un tourbillon terrible, il s'envola par la fenêtre, rattrapa Maria Morievna, la très belle reine, et l'emporta avec lui.

Et le prince de pleurer amèrement. Il s'équipa et prit la route: «Quoi qu'il arrive, je retrouverai Maria Morievna!»

Il marcha tout un jour, puis un second encore; à l'aube du troisième jour, il aperçut un palais magnifique. Près du palais poussait un chêne, sur le chêne un beau faucon était perché. Le faucon s'envola du chêne, tomba à terre et se transforma en un beau jeune homme qui s'écria:

— Ah! Mon cher beau-frère!

La princesse Marie sortit aussitôt, tout heureuse de retrouver le prince Ivan, elle lui demanda comment il allait, comment il se portait. Trois jours le prince demeura chez eux, puis il dit:

— Je ne peux rester longtemps chez vous; je suis à la recherche de mon épouse, Maria Morievna, la très belle reine.

— Il te sera difficile de la retrouver, répondit le Faucon. Toutefois, laisse-nous ta cuiller d'argent: lorsque nous la regarderons, de toi nous nous souviendrons.

Le prince Ivan laissa au Faucon sa cuiller d'argent, puis il se remit en route.

Il marcha tout un jour, un second encore; à l'aube du troisième jour, il aperçut un palais encore plus beau que le premier. Tout près du palais poussait un chêne. Sur ce chêne un bel aigle était perché. L'aigle s'envola du chêne, tomba à terre et se transforma en un beau jeune homme qui s'écria:

— Lève-toi, princesse Olga, notre cher frère arrive!

La princesse Olga sortit aussitôt, tout heureuse de retrouver son frère. Elle l'embrassa, le serra dans ses bras, lui demanda comment il allait, comment il se portait. Trois jours le prince Ivan demeura chez eux, puis il dit:

— Je ne peux rester plus longtemps chez vous; je suis à la recherche de mon épouse, Maria Morievna, la très belle reine.

L'Aigle répondit:

— Il te sera difficile de la retrouver; laisse-nous ta fourchette d'argent: lorsque nous la regarderons, de toi nous nous souviendrons.

Le prince Ivan laissa sa fourchette d'argent, puis il se remit en route. Il marcha tout un jour, puis un second encore; à l'aube du troisième jour, il aperçut un palais encore plus beau que les deux premiers. Tout près du palais poussait un chêne, sur le chêne un corbeau était perché.

Le corbeau s'envola du chêne, tomba à terre et se transforma en un beau jeune homme qui s'écria:

— Princesse Anne, hâte-toi de sortir, notre cher frère arrive!

La princesse Anne sortit aussitôt, tout heureuse de retrouver son frère. Elle l'embrassa, le serra dans ses bras, lui demanda comment il allait, comment il se portait.

Trois jours le prince Ivan demeura chez eux, puis il dit:

— Adieu, je m'en vais chercher ma femme, Maria Morievna, la très belle reine.

Le Corbeau répondit:

— Il te sera difficile de la retrouver. Laisse-nous donc ta tabatière d'argent: lorsque nous la regarderons, de toi nous nous souviendrons.

Le prince lui donna sa tabatière d'argent, leur dit adieu et se remit en route.

Il marcha tout un jour, puis un second encore; le troisième jour, il retrouva Maria Morievna. Lorsqu'elle vit son époux bien-aimé, Maria Morievna se jeta à son cou en pleurant et s'écria:

— Hélas, prince Ivan, pourquoi ne m'as-tu point écoutée: tu as ouvert la chambre interdite et tu as laissé s'enfuir Kochtchéi l'Immortel.

— Pardonne-moi, Maria Morievna, n'évoque pas le passé, partons plutôt avant que Kochtchéi l'Immortel n'arrive; peut-être ne nous rattrapera-t-il point.

Et ils s'en allèrent. Kochtchéi était à la chasse. Vers le soir, tandis qu'il retournait chez lui, son beau cheval trébucha.

— Qu'as-tu à trébucher, haridelle efflanquée? Peut-être pressens-tu un malheur?

Et le cheval de répondre:

— Le prince Ivan est arrivé, Maria Morievna il a emmenée.

— Peut-on les rattraper?

— On pourrait semer le blé, attendre qu'il ait poussé, le moissonner, en farine le transformer, cinq fournées de pain préparer, puis manger ce pain, ensuite partir: ce serait encore assez pour les rattraper.

Kochtchéi s'en fut au galop et rattrapa le prince Ivan.

— Eh bien, dit-il, pour cette fois je te pardonne à cause de ta bonté lorsque tu m'as donné de l'eau. Une seconde fois, je te pardonnerai encore; mais la troisième, prends garde à toi, car je te mettrai en morceaux.

Puis il s'empara de Maria Morievna et l'emporta. Assis sur une pierre, le prince Ivan se mit à pleurer. Il pleura longtemps, puis revint sur ses pas pour chercher Maria Morievna. Kochtchéi l'Immortel n'était pas au logis.

— Fuyons, Maria Morievna!

— Hélas, prince Ivan, il nous rattrapera.

— Qu'il nous rattrape, nous aurons au moins passé encore une heure ensemble!

Et ils s'en allèrent.

Tandis que Kochtchéi l'Immortel retournait chez lui, son beau cheval soudain trébucha.

— Qu'as-tu à trébucher, haridelle efflanquée? Peut-être pressens-tu un malheur?

— Le prince Ivan est arrivé, Maria Morievna il a emmenée.

— Peut-on les rattraper?

— On pourrait semer de l'orge, attendre qu'elle ait poussé, la moissonner, en bière la transformer et ensuite s'enivrer, dormir à poings fermés, puis partir: ce serait encore assez pour les rattraper.

Kochtchéi s'en fut au galop et rattrapa le prince Ivan.

— Je te l'avais bien dit que plus jamais sur Maria Morievna tes yeux ne se poseraient.

Puis il s'empara de Maria Morievna et l'emporta. Demeuré seul, le prince Ivan pleura fort longtemps, puis il repartit à sa recherche. Cette fois encore, Kochtchéi n'était pas au logis.

— Fuyons, Maria Morievna.

— Hélas, prince Ivan, il nous rattrapera, en morceaux il te mettra!

— Qu'il me mette en morceaux, je ne puis vivre sans toi!

Et ils s'en allèrent. Tandis que Kochtchéi l'Immortel retournait chez lui, son beau cheval soudain trébucha.

— Qu'as-tu à trébucher? Peut-être pressens-tu un malheur?

— Le prince Ivan est arrivé, Maria Morievna il a emmenée.

Kochtchéi s'en fut au galop, il rattrapa le prince Ivan, le mit en morceaux et enferma ces morceaux dans un tonneau. Il prit ce tonneau, le cercla de fer et le jeta à la mer. Puis il emporta Maria Morievna.

Au même instant, les objets d'argent que le prince Ivan avait laissés à ses beaux-frères se ternirent soudain.

— Hélas, s'écrièrent-ils, un malheur est sans doute arrivé!

L' Aigle s'élança vers la mer d'azur, il s'empara du tonneau et le ramena sur le rivage. Le Faucon s'en alla à tire-d'aile chercher de l'eau vive, le Corbeau s'envola pour chercher de l'eau morte.

Puis tous trois se retrouvèrent, ils ouvrirent le tonneau, en sortirent les morceaux qu'ils lavèrent et rassemblèrent.

Le Corbeau les aspergea d'eau morte, les morceaux se remirent en place. Le Faucon aspergea le corps d'eau vive. Le prince Ivan tressaillit, se releva et dit:

— Que j'ai dormi longtemps!

— Sans nous tu ne serais pas encore réveillé! lui répondirent ses beaux-frères. Et maintenant allons chez nous.

— Non, mes frères, car il me faut chercher Maria Morievna.
Quand il arriva près d'elle, il dit:
— Demande à Kochtchéi l'Immortel où il a trouvé son cheval.
Maria Morievna choisit le moment opportun et elle posa la question à Kochtchéi. Et Kochtchéi répondit:
— Au-delà des neuf pays et des sept royaumes, au-delà du fleuve de feu, vit la sorcière Baba-Yaga. Elle possède une jument avec laquelle chaque jour elle survole le monde. Elle possède encore beaucoup d'autres juments. Je les ai gardées trois jours, je n'en ai laissé échapper aucune, et Baba-Yaga, pour me récompenser, a donné un poulain.
— Comment as-tu traversé le fleuve de feu?
— Je possède un mouchoir, lorsque je l'agite vers la droite à trois reprises, un pont surgit, si haut que le feu ne peut l'atteindre.
Maria Morievna écouta attentivement, puis elle raconta tout au prince Ivan.
Elle s'empara du mouchoir et le donna à Ivan.
Le prince Ivan traversa le fleuve de feu et s'en alla chez la sorcière Baba-Yaga. Il marcha fort longtemps sans boire ni manger. Puis il rencontra un oiseau d'au-delà des mers avec ses petits. Le prince Ivan dit:
— Je vais manger l'un de ces oisillons.
— Ne le mange pas, prince Ivan, lui demanda l'oiseau d'au-delà des mers, le moment viendra où je te serai utile.

Ivan s'en alla plus loin. Dans une forêt il aperçut une ruche.

— Je vais prendre un peu de miel, dit-il.

La reine des abeilles lui répondit:

— Ne touche pas à mon miel, prince Ivan, le moment viendra où je te serai utile.

Il ne toucha pas au miel et s'en alla plus loin. Bientôt il rencontra une lionne et son lionceau.

— Je vais manger ce lionceau; si grande est ma faim que j'en ai la nausée.

— Prince Ivan, demanda la lionne, ne touche pas à mon lionceau. Le moment viendra où je te serai utile.

— Eh bien, qu'il en soit selon ta volonté.

Et il continua sa route sans avoir mangé. Il marcha, marcha longtemps et arriva devant la maison de la sorcière Baba-Yaga. Autour de la maison sont plantés douze pieux, onze de ces pieux sont surmontés d'un crâne d'homme.

— Salut, grand-mère!

— Salut, prince Ivan. Comment es-tu venu, de ton plein gré ou t'y a-t-on forcé?

— Je suis venu afin de mériter un beau coursier.

Chez moi, prince, point besoin de travailler un an, mais simplement trois jours. Si tu peux garder mes juments, tu auras ton beau coursier. Si tu n'y parviens pas, ne sois point en colère: ta tête surmontera le douzième pieu que voilà.

Le prince Ivan accepta. Baba-Yaga lui donna à boire, à manger, puis lui dit d'emmener paître ses juments.

À peine les juments furent-elles en liberté qu'elles se dispersèrent dans les prés, la queue au vent. En un clin d'œil, elles disparurent.

Fort attristé, Ivan se mit à pleurer. Il s'assit sur une pierre et s'endormit.

Déjà le soleil se couchait lorsque survint l'oiseau d'au-delà des mers qui le réveilla:

— Prince Ivan, lève-toi, les juments sont déjà rentrées.

Le prince se leva et s'en retourna. Baba-Yaga était en train de crier, de hurler à ses juments:

— Pourquoi êtes-vous rentrées?

— Que pouvions-nous faire d'autre? Des oiseaux sur nous ont fondu, ils voulaient nous crever les yeux.

— Demain, n'allez pas dans les prés, dispersez-vous dans les forêts.

Toute la nuit, le prince Ivan dormit. Le lendemain matin, Baba-Yaga lui dit:

— Attention, prince, si tu ne peux garder mes juments, si une seule d'entre elles s'échappe, je te trancherai la tête et je la planterai sur le pieu.

Ivan mena les juments au champ. Celles-ci s'en allèrent dans les forêts, la queue au vent. Le prince s'assit sur une pierre, se mit à pleurer; il pleura longtemps, puis il s'endormit. Déjà le soleil se couchait. La lionne arriva alors:

— Lève-toi, prince Ivan, les juments sont déjà rentrées.

Le prince Ivan se leva et s'en retourna. Baba-Yaga cria encore plus fort, plus fort encore elle hurla à ses juments:

— Pourquoi êtes-vous rentrées?

— Que pouvions-nous faire d'autre? Des bêtes féroces sur nous ont fondu, elles voulaient nous dévorer.

— Eh bien, demain vous irez jusque dans la mer d'azur.

À nouveau, le prince Ivan dormit toute la nuit; le lendemain matin, Baba-Yaga l'envoya garder ses juments:

И. Билибинъ. 1901.

— Si tu ne peux les garder, je te trancherai la tête, je la planterai sur le pieu.

Ivan mena les juments au champ. Aussitôt celles-ci s'enfuirent vers la mer d'azur, la queue au vent; elles s'enfoncèrent dans l'eau jusqu'au cou. Le prince Ivan s'assit sur une pierre, il se mit à pleurer, puis il s'endormit. Déjà le soleil se couchait derrière la forêt lorsque l'abeille arriva et dit:

— Lève-toi, prince Ivan, les juments sont déjà rentrées. Mais lorsque tu seras arrivé, ne te présente pas devant Baba-Yaga, va droit à l'écurie et cache-toi derrière les mangeoires. Il y a là un vilain petit poulain qui se traîne dans le fumier. Prends ce poulain et, lorsque minuit aura sonné, quitte cette demeure.

Le prince Ivan se leva, alla droit vers l'écurie et s'allongea derrière les mangeoires.

Baba-Yaga était en train de crier, de hurler à ses juments:

— Pourquoi êtes-vous rentrées?

— Que pouvions-nous faire d'autre? Des abeilles sur nous ont fondu, elles se sont mises à nous piquer.

Baba-Yaga s'endormit. À minuit sonné, le prince Ivan s'empara du vilain petit poulain, il le sella, puis s'enfuit au galop vers le fleuve de feu. Arrivé à ce fleuve, trois fois il agita son mouchoir vers la droite et soudain, surgi d'on ne sait où, apparut un pont très haut, un pont très beau.

Le prince Ivan s'avança sur le pont et lorsqu'il fut sur l'autre rive, il agita son mouchoir du côté gauche et seulement deux fois: au-dessus du fleuve ne demeura qu'un mince pont, tout mince.

Lorsque le lendemain matin Baba-Yaga se réveilla, elle vit que son vilain petit poulain avait disparu. Elle se lança à la poursuite d'Ivan. À toute allure, elle bondit dans son mortier de fer, chassant les nuages à coups de pilon, effaçant ses traces à coups de balai.

Elle arriva près du fleuve de feu, aperçut le pont et pensa: «Parfait! Il y a un pont!»

Elle s'avança sur le pont, mais quand elle fut arrivée au milieu, le pont s'effondra et Baba-Yaga tomba dans le fleuve, où elle périt de male mort.

Le prince Ivan fit paître son poulain dans de vertes prairies et le poulain se transforma en un magnifique coursier. Le prince s'en alla retrouver Maria Morievna. Elle se jeta à son cou.

– Comment as-tu pu échapper à la mort?

– Eh bien, voilà …, le prince lui raconta tout. Maintenant, viens avec moi.

– Prince Ivan, je crains que Kochtchéi ne nous rattrape et qu'il ne te mette en morceaux.

– Il ne nous rattrapera pas! J'ai maintenant un bon coursier qui vole comme une flèche.

Ils enfourchèrent leur cheval et s'en allèrent.

Tandis que Kochtchéi l'Immortel s'en retournait chez lui, son beau cheval trébucha.

– Qu'as-tu à trébucher? Peut-être pressens-tu un malheur?

– Le prince Ivan est arrivé, Maria Morievna il a emmenée.

– Peut-on les rattraper?

– Je ne sais, car Ivan possède un coursier encore plus beau que moi.

– Non, je ne puis le supporter! s'écria Kochtchéi l'Immortel. J'essaierai de les rattraper!

Galopa-t-il longtemps, nul ne saurait le dire, toujours est-il qu'il finit par rattraper le prince Ivan. Il bondit de cheval et voulut le transpercer de son sabre acéré. Mais alors le coursier du prince Ivan frappa de son sabot Kochtchéi l'Immortel et lui fendit le crâne. Ivan l'acheva d'un coup de massue, le brûla et répandit ses cendres au vent.

Maria Morievna monta sur le coursier de Kochtchéi, le prince Ivan enfourcha le sien et ils s'en allèrent rendre visite à leurs parents: le Corbeau, l'Aigle et le Faucon.

– Ah! Prince Ivan, nous n'espérions plus te revoir. Mais tu as eu raison de te donner tant de peine: tu aurais pu parcourir le monde entier, jamais tu n'aurais trouvé aussi grande beauté que Maria Morievna!

Maria Morievna et le prince Ivan restèrent à festoyer, puis ils s'en revinrent dans leur royaume. Ils y vécurent fort longtemps; des richesses ils amassaient et du miel ils buvaient.

Vasilissa la Belle

Il était une fois un marchand qui avait vécu douze ans en bonne entente avec sa femme, laquelle ne lui avait donné qu'une fille, Vassilissa la Belle. Quand la petite fille eut huit ans, sa mère mourut. Avant de mourir, elle appela son enfant, tira de sous ses couvertures une petite poupée, la lui tendit et lui dit:

— Écoute-moi, Vassilissa! Souviens-toi toujours de mes dernières paroles! En mourant je te laisse, outre ma bénédiction, cette poupée que tu vois là. Garde-la toujours avec toi, ne la montre à personne, et quand tu auras du chagrin, donne-lui à manger et demande-lui conseil. Quand elle aura bien mangé, elle te dira comment guérir ta peine.

Ayant dit, la mère embrassa sa fille et mourut.

Le marchand prit le deuil autant qu'il convenait, puis songea à se remarier. C'était un brave homme, et il n'était pas en peine de fiancées, mais son choix se porta bientôt sur une veuve. Elle n'était plus toute jeune, avait deux filles de l'âge de Vassilissa: ce serait sans doute une bonne ménagère, et une bonne mère. Le marchand épousa la veuve, mais il s'était trompé: elle ne serait jamais une bonne mère pour Vassilissa. La jeune fille était déjà la première beauté du village, sa belle-mère et ses sœurs la jalousaient, l'accablaient des plus dures besognes dans l'espoir de la voir maigrir à la tâche, et gâter au soleil et au vent son teint si blanc.

Vassilissa souffrait sans se plaindre, embellissait de jour en jour, tandis que sa marâtre et ses sœurs maigrissaient et enlaidissaient à vue d'œil, bien qu'elles ne fissent rien de leur journée, de vraies princesses! Comment cela était-il possible? C'est que Vassilissa avait sa petite poupée. Sans elle, aurait-elle pu venir à bout de tous ses travaux? Parfois, Vassilissa se privait de manger pour laisser à sa poupée le meilleur morceau et le soir, lorsque tout le monde était couché, elle s'enfermait dans son grenier et lui offrait un bon dîner:

– Tiens, mange, ma poupée, et entends mon chagrin! J'ai beau vivre dans la maison de mon père, je n'y ai point de joie. Ma méchante marâtre veut me faire mourir. Dis-moi, apprends-moi, conseille-moi: que dois-je faire?

La poupée mangeait, lui donnait de bons conseils et la consolait, et au matin toute sa besogne était faite: Vassilissa pouvait s'étendre à l'ombre ou cueillir des fleurs; la poupée avait déjà sarclé ses plates-bandes, arrosé ses choux, porté son eau et allumé son feu. Elle lui avait aussi appris quelles herbes pouvaient l'aider à garder son teint blanc. Oui, bien douce était sa vie, grâce à sa chère poupée!

Quelques années passèrent. Vassilissa était déjà en âge de se marier. Tous les jeunes gens de la ville la courtisaient, et personne ne jetait un regard aux filles de la marâtre. Celle-ci se mettait dans une rage folle et renvoyait tous les prétendants en disant: «Je ne veux pas marier la benjamine avant ses deux aînées!» Puis, quand ils étaient partis, elle faisait passer sa colère sur la pauvre Vassilissa en la rouant de coups.

Mais un jour, le marchand dut quitter pour longtemps son foyer, partir au loin pour mener son négoce. La belle-mère s'installa alors dans une autre de leurs maisons. Or, cette maison était entourée d'une épaisse forêt, dans la forêt était une petite isba, et dans cette isba vivait la sorcière Baba-Yaga. Elle ne laissait entrer personne chez elle, et si quelqu'un s'approchait, elle le dévorait tout cru. Une fois dans sa nouvelle maison, la belle-mère envoyait à tout bout de champ la pauvre Vassilissa, qu'elle détestait, dans cette forêt, mais la jeune fille s'en revenait toujours sans encombre: sa poupée lui montrait le chemin et ne la laissait pas s'approcher de l'isba de Baba-Yaga.

Vint l'automne. La marâtre distribua aux trois jeunes filles leur besogne pour la soirée: l'une d'elle devait faire de la dentelle, l'autre tricoter un bas, quant à Vassilissa, elle avait de la laine à filer. La belle-mère souffla les chandelles dans toute la maison, n'en laissant brûler qu'une dans le coin où travaillaient les filles, et elle s'en fut se coucher. Les jeunes filles se mirent à l'ouvrage. Mais voici que la flamme vacilla. L'une des filles de la marâtre prit les mouchettes pour l'aviver, mais au lieu de cela, ainsi que sa mère le lui avait ordonné, elle éteignit la chandelle, comme par inadvertance.

– Qu'allons-nous faire? Nous n'avons plus de lumière, et nous n'avons pas fini notre ouvrage! Il faut aller chercher du feu chez Baba-Yaga!

– Mes épingles m'éclairent! dit celle qui faisait de la dentelle. Je n'irai pas!

– Moi non plus je n'irai pas, mes aiguilles m'éclairent! dit celle qui tricotait un bas.

– C'est à toi d'aller chercher du feu, s'écrièrent-elles toutes les deux. Allez, va chez Baba-Yaga, ajoutèrent-elles en poussant Vassilissa dehors.

Vassilissa monta dans son grenier, servit à sa poupée le dîner qu'elle avait préparé et lui dit:

– Tiens, mange, ma poupée, et entends mon chagrin! On m'envoie chercher du feu chez

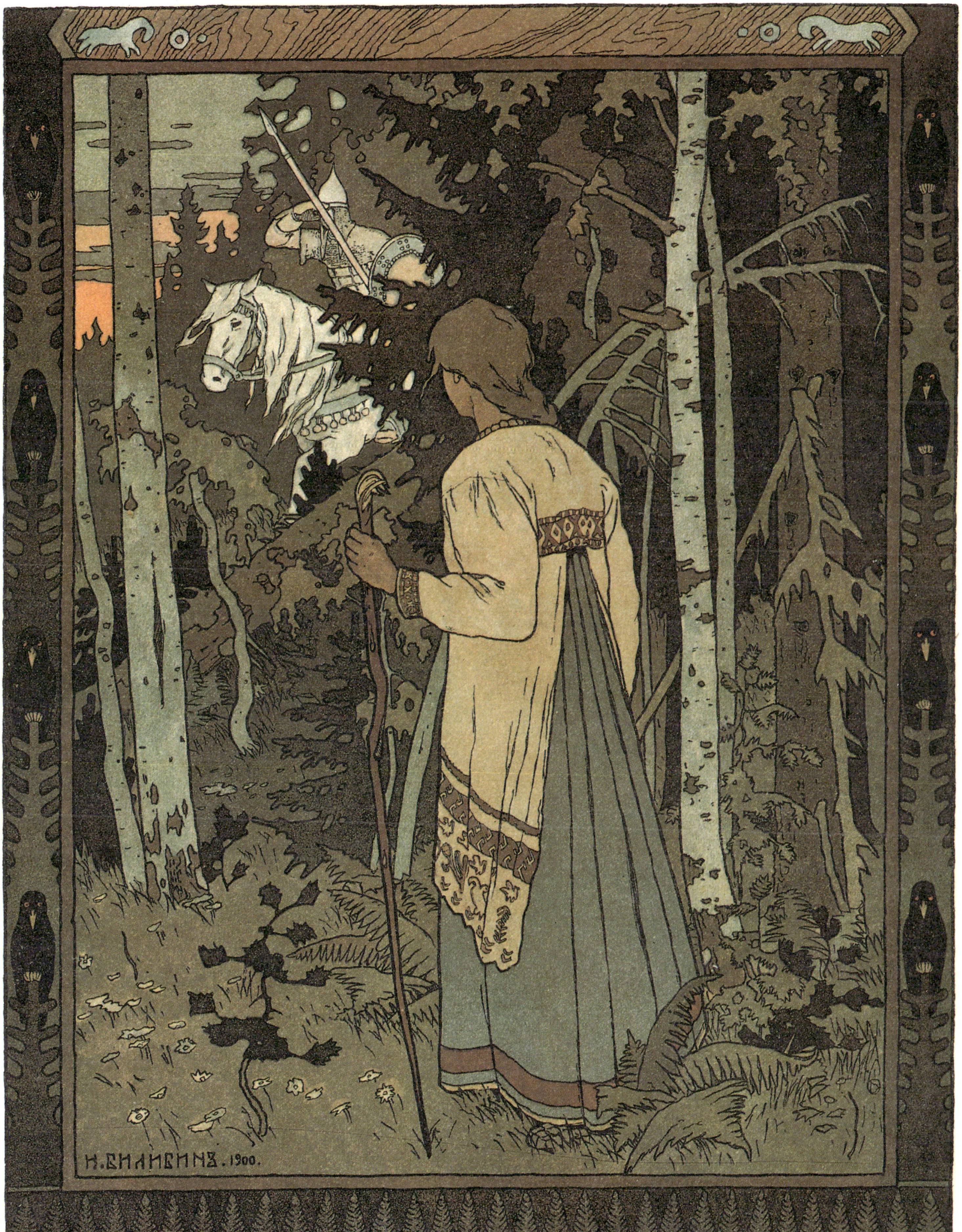
И.БИЛИБИНЪ.1900.

Baba-Yaga, et Baba-Yaga va me manger!

La poupée dîna et ses yeux se mirent à briller comme deux escarboucles.

— N'aie pas peur, Vassilissa! dit-elle. Va où l'on t'envoie, mais garde-moi toujours avec toi. Tant que je serai là, rien de mal ne pourra t'arriver chez Baba-Yaga.

Vassilissa mit sa poupée dans sa poche, fit son signe de croix et s'enfonça dans la forêt profonde.

Elle cheminait, tremblante. Soudain, elle vit surgir devant elle un cavalier blanc, de blanc vêtu, sur un cheval blanc harnaché de blanc, et l'aube parut.

Elle poursuivit sa route, et vit bientôt surgir un deuxième cavalier: rouge, de rouge vêtu, sur un cheval rouge. Le soleil se leva.

Vassilissa marcha ainsi toute une nuit et tout un jour, et n'arriva que le second soir dans la clairière où se dressait l'isba de Baba-Yaga. Les pieux de la palissade étaient des os humains, coiffés chacun d'un crâne aux yeux morts. Au portail, en guise de barreaux: des jambes, en guise de verrous: des mains, en guise de cadenas: une mâchoire aux dents pointues. Vassilissa en pâlit d'effroi, et ne put faire un pas de plus. Soudain surgit devant elle un cavalier noir, tout de noir vêtu, sur un cheval noir. Il bondit et disparut comme si la terre l'avait englouti, et ce fut la nuit.

И. Билибинъ 1900.

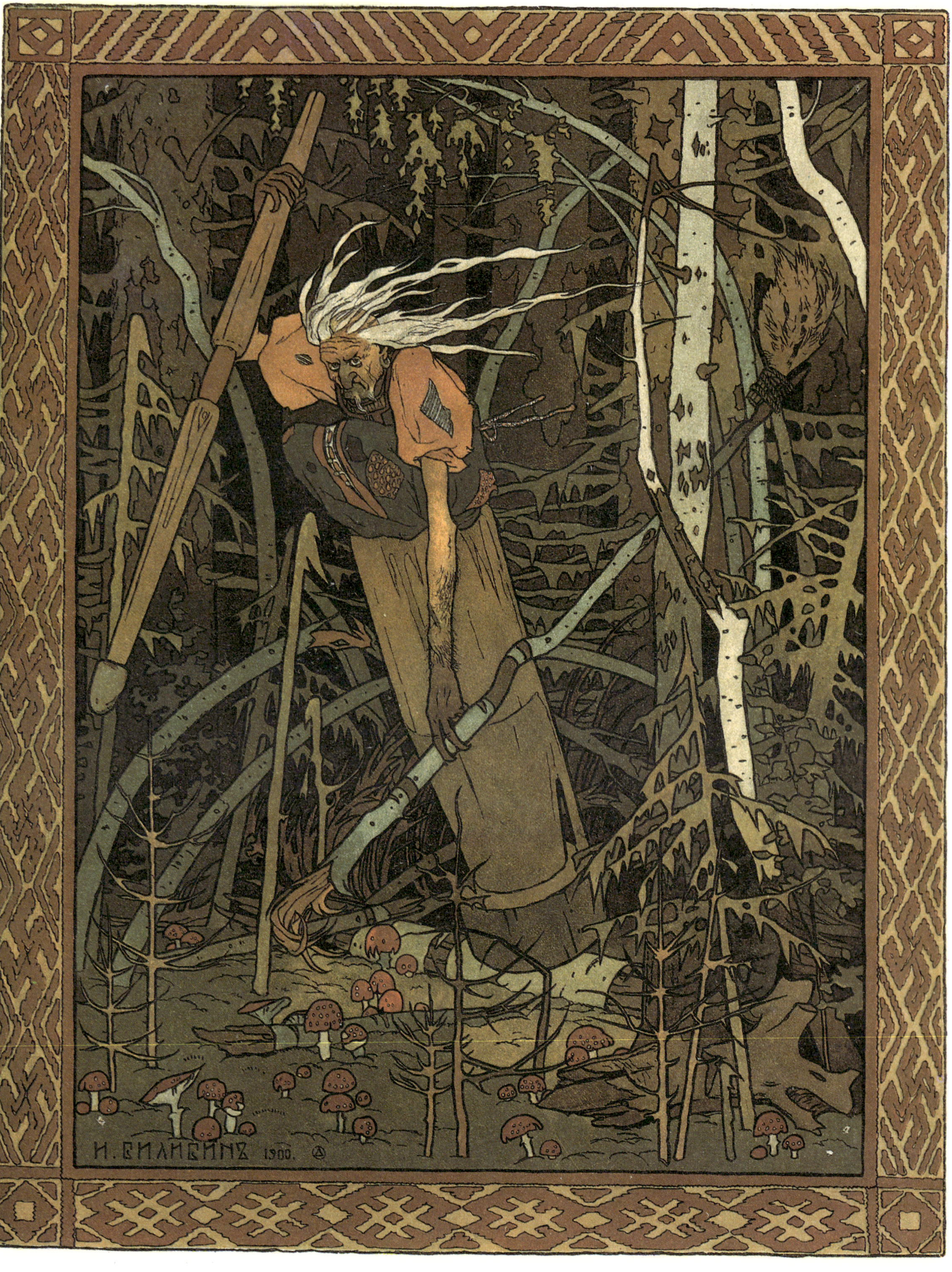
И. БИЛИБИНЪ 1900.

Mais il ne fit pas longtemps noir: les yeux des crânes se mirent à luire, baignant la clairière d'une vive clarté. Vassilissa tremblait de peur, mais, ne sachant où fuir, elle restait immobile.

Bientôt un affreux vacarme secoua la forêt: les branches craquèrent, les feuilles gémirent. C'était Baba-Yaga qui sortait du bois, dans son mortier assise, chassant les nuages à coups de pilon, effaçant ses traces à coups de balai. Elle descendit vers sa maison, s'arrêta, et, humant l'air, elle s'écria:

— Snif, snif, snif! Ça sent la chair fraîche! Qui est là?

Vassilissa s'approcha en tremblant de la sorcière, s'inclina bien bas et lui dit:

— C'est moi, grand-mère! Les filles de ma marâtre m'ont envoyée chercher du feu chez toi.

— C'est bon, dit Baba-Yaga, je les connais. Si tu restes travailler chez moi, je te donnerai du feu, sinon, je te mangerai!

Puis elle se tourna vers le portail et s'écria:

— Vous, mes lourds verrous, ouvrez-vous! Toi, vaste portail, écarte-toi!

Le portail s'écarta et Baba-Yaga entra, siffla, laissa passer Vassilissa. Le portail se referma sur elle.

Baba-Yaga entra dans son isba, s'étendit sur un banc et dit à Vassilissa:

— Ça, apporte-moi tout ce qu'il y a dans le poêle, j'ai grand-faim!

Vassilissa alluma une chandelle aux crânes de la palissade, et servit à Baba-Yaga tout ce qu'il y avait dans le poêle: de quoi nourrir dix personnes! Puis elle alla chercher à la cave de la bière et du vin. La sorcière mangea et but à son content, ne laissant à Vassilissa qu'un reste de soupe, un quignon de pain et un morceau de lard.

Baba-Yaga se mit au lit et dit:

— Demain matin, quand je partirai, voici ce que tu devras faire: balayer la cour, nettoyer la maison, préparer le repas, laver le linge. Puis tu iras à la resserre prendre un sac de blé, et tu en trieras jusqu'au dernier grain. Si tu ne le fais pas, je te mangerai!

Baba-Yaga se mit à ronfler, et Vassilissa servit son maigre dîner à sa poupée, fondit en larmes et lui dit:

— Tiens, mange, ma poupée, et entends mon chagrin! Baba-Yaga m'a accablée de travail, et menace de me manger si je ne viens pas à bout de ma besogne. Aide-moi!

La poupée lui répondit:

— N'aie pas peur, Vassilissa, ma belle! Partage mon repas, fais ta prière et va te coucher: la nuit porte conseil!

Quand Vassilissa s'éveilla de bon matin, Baba-Yaga était déjà levée. Elle regarda par la fenêtre: les crânes s'éteignaient. Voici qu'apparut le cavalier blanc, et l'aube pointa. Baba-Yaga sortit dans la cour, siffla, et aussitôt sortirent de terre son pilon, son mortier et son balai. Le cavalier rouge surgit, et le soleil se leva. Baba-Yaga grimpa dans son mortier et s'envola, chassant les nuages à coups de pilon, effaçant ses traces à coups de balai. Vassilissa resta toute seule, fit le tour de la maison où il y avait de tout en abondance, et se demanda par quelle besogne elle devait commencer. Mais elle s'aperçut bientôt que tout le travail était déjà fait: sa poupée triait le dernier grain de blé!

— Tu m'as sauvée! dit Vassilissa à sa poupée. Sans toi, je ne sais ce que je serais devenue!

– Tu n'as plus qu'à préparer le repas, répondit la poupée en se glissant dans la poche de la jeune fille. Mets-toi donc aux fourneaux, et après, tu pourras paresser!

Le soir venu, Vassilissa mit la table et attendit le retour de Baba-Yaga. Le crépuscule tomba, le cavalier noir bondit derrière la palissade, et on ne vit plus luire dans l'ombre que les yeux morts des crânes. Les branches craquèrent, les feuilles gémirent, et Baba-Yaga arriva. Vassilissa l'accueillit.

– Tout est-il fait? demanda Baba-Yaga.

– Tu peux t'en rendre compte par toi-même, grand-mère, dit Vassilissa.

Baba-Yaga regarda partout, et, furieuse de ne rien avoir à reprocher à la jeune fille, elle dit:

– C'est bon!

Puis elle s'écria:

– Holà, mes fidèles serviteurs, holà, les amis de mon cœur, venez donc moudre mon grain!

Trois paires de bras apparurent alors et emportèrent tout le grain. Baba-Yaga dévora son dîner et, avant de se coucher, donna ses ordres à Vassilissa:

– Demain tu feras tout ce que tu as fait aujourd'hui, mais ce n'est pas tout: tu iras dans la resserre, tu prendras les graines de pavot et tu les débarrasseras de la terre qui les souille: les gens sont si méchants, quelqu'un a voulu me jouer un tour, pour sûr!

Ayant dit, la sorcière se tourna vers le mur et se mit à ronfler, tandis que Vassilissa servait à sa poupée son maigre dîner. La poupée mangea et lui dit, comme la veille:

– Fais ta prière et va te coucher. La nuit porte conseil: tout sera fait, Vassilissa!

Au matin, Baba-Yaga s'en fut dans son mortier, et Vassilissa, aidée de sa poupée, vint à bout de sa besogne. Le soir, la sorcière rentra, regarda partout et s'écria:

– Holà, mes fidèles serviteurs, holà, les amis de mon cœur, pressez-moi donc ces graines pour en faire de l'huile!

Les trois paires de bras apparurent et emportèrent les graines de pavot. Baba-Yaga se mit à table, et tandis qu'elle dévorait son repas, Vassilissa restait debout à côté d'elle, sans mot dire.

– Pourquoi ne me dis-tu rien? fit Baba-Yaga. Tu as perdu ta langue?

– Je n'osais pas, répondit Vassilissa, mais si tu permets, j'aimerais bien te poser une question.

– Pose-la, mais sache que toute question n'est pas bonne à poser: si tu en sais trop, vieillesse viendra tôt!

– Je veux seulement te demander, grand-mère, de m'expliquer ce que j'ai vu. Quand je cheminais vers ta maison, un cavalier m'a rejointe, tout blanc, de blanc vêtu et monté sur un cheval blanc. Qui est-ce?

– C'est mon aube claire! répondit Baba-Yaga.

– Ensuite, j'ai été rejointe par un autre cavalier sur un cheval rouge, rouge lui-même et de rouge vêtu. Qui est-ce?

– C'est mon beau soleil! répondit Baba-Yaga.

– Et que signifie le cavalier noir qui m'a rejointe devant ton portail, grand-mère?

– C'est ma nuit obscure, ce sont mes trois fidèles serviteurs!

Vassilissa se souvint des trois paires de bras et se tut.

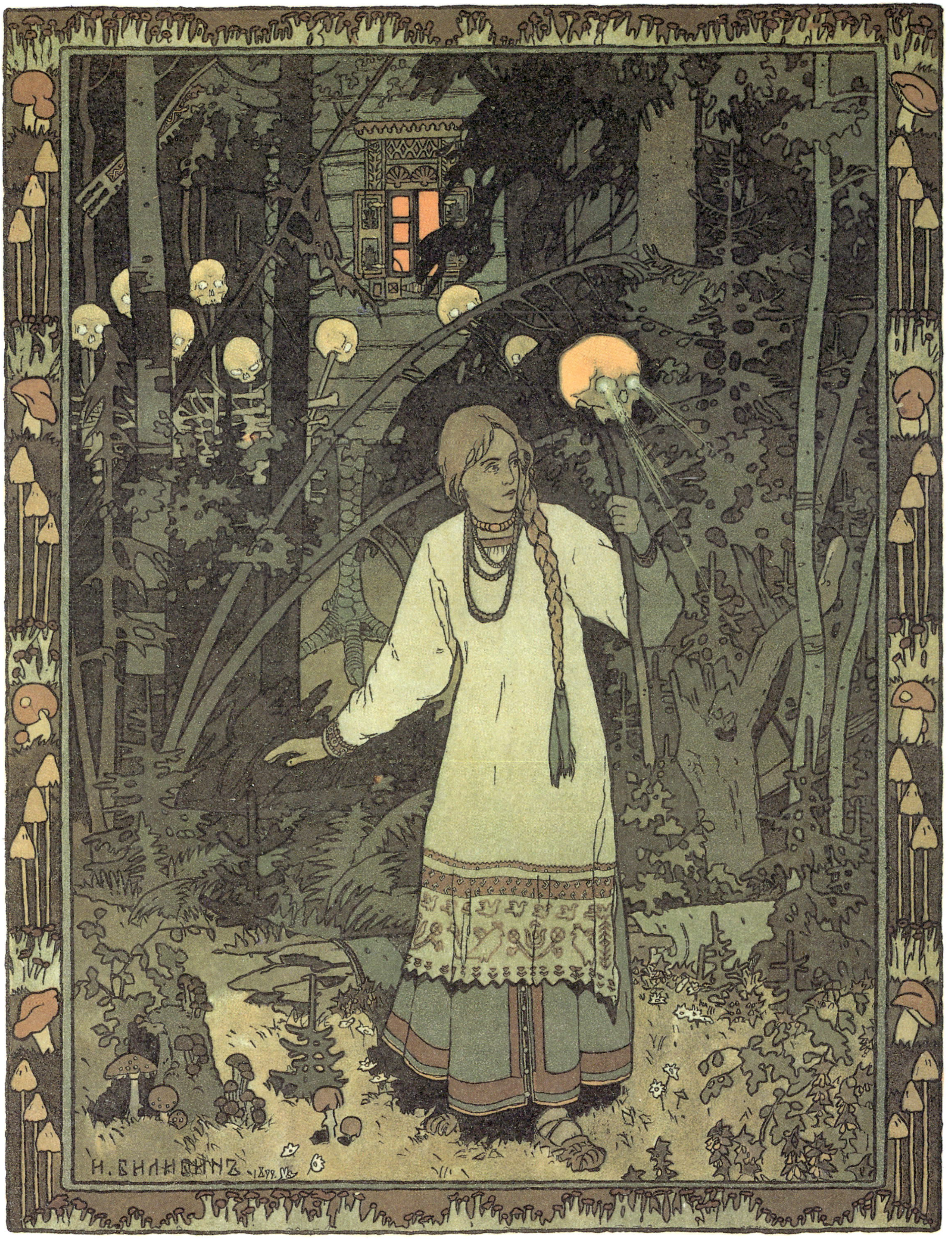
И. БИЛИБИНЪ
1899

— Que veux-tu encore savoir? demanda Baba-Yaga.

— Rien de plus: tu m'as dit toi-même, grand-mère, que si tu en sais trop, vieillesse viendra tôt!

— Tu as bien fait, dit Baba-Yaga, de m'interroger sur ce que tu avais vu au-dehors, et non à l'intérieur de ma maison. Je n'aime pas qu'on mette son nez dans mes affaires, et les gens trop curieux, je les mange! Mais maintenant, c'est moi qui veux te poser une question: où trouves-tu le temps de faire tout le travail que je te laisse?

— La bénédiction que ma mère m'a donnée en mourant m'aide à t'obéir, répondit Vassilissa.

— Ah, c'est comme ça! Hors de ma maison, fille bénie! Je n'ai pas besoin de filles bénies chez moi!

Et elle chassa Vassilissa de sa maison, referma le portail sur elle, puis elle prit un crâne aux yeux luisants, le mit au bout d'un bâton et le donna à Vassilissa en disant:

— Voilà du feu pour les filles de ta marâtre, prends-le, puisque c'est cela que tu étais venue chercher.

Vassilissa courut vers sa maison, éclairée par le crâne qui ne s'éteignit qu'au matin, et le soir du deuxième jour elle arriva enfin. Arrivée devant sa porte, elle voulut jeter le crâne. «On n'a sans doute plus besoin de feu, à la maison», pensa-t-elle. Mais elle entendit soudain le crâne dire d'une voix sourde:

— Ne me jette pas, emporte-moi chez ta marâtre!

Vassilissa leva les yeux et, ne voyant point de lumière aux fenêtres, elle décida d'entrer avec le crâne. Sa marâtre et ses sœurs l'accueillirent avec joie et lui racontèrent que, depuis son départ, elles n'avaient plus de feu. À la maison, il ne prenait pas, et celui qu'elles ramenaient de chez les voisins s'éteignait dès qu'elles entraient.

— Ton feu à toi ne va pas s'éteindre, lui, j'espère! dit la marâtre.

Elles portèrent le crâne dans la salle, et voici que les yeux morts fixèrent sur la marâtre et sur ses filles leur feu ardent. Elles voulurent se cacher, mais le brûlant regard des yeux morts les poursuivait partout. Au matin, il ne restait plus d'elles qu'un petit tas de cendres. Seule Vassilissa n'avait rien.

Vassilissa enterra alors le crâne, ferma la maison et s'en fut en ville demander asile à une pauvre vieille sans famille. La vieille l'accueillit et elle se mit à attendre son père. Un jour, elle dit à la vieille:

— Grand-mère, je m'ennuie à ne rien faire! Si tu allais m'acheter du lin, je pourrais filer.

La vieille alla acheter du beau lin, et Vassilissa se mit à l'ouvrage: le fil qui se déroulait était aussi fin, aussi lisse qu'un cheveu. Quand elle en eut beaucoup, elle voulut se mettre à tisser, mais aucun métier ne pouvait tisser le fil de Vassilissa, et personne n'en pouvait fabriquer. Vassilissa demanda conseil à sa poupée, qui lui dit:

— Apporte-moi un vieux peigne, une vieille navette et du crin de cheval, et je te ferai ton métier.

Vassilissa lui donna tout ce qu'il lui fallait et alla se coucher, et en une nuit la poupée fabriqua un magnifique métier à tisser. À la fin de l'hiver, la pièce de toile était prête, et si fine qu'elle aurait pu passer toute entière par le trou d'une aiguille. Au printemps, on blanchit la toile, et Vassilissa dit à la vieille:

— Va vendre cette toile, grand-mère, et garde l'argent.

La vieille regarda la toile et s'exclama:

— Non, mon enfant! Un tissu pareil, seul le roi peut le porter! Je vais porter ta toile au château.

La vieille se rendit donc au palais du roi, et se mit à marcher de long en large sous ses fenêtres. Le roi la vit et lui demanda:

— Que veux-tu, grand-mère?

— Sire, répondit la vieille, je t'ai apporté une chose si merveilleuse que je ne veux la montrer qu'à toi.

Le roi la fit entrer et, voyant la toile, se récria.

— Combien en demandes-tu?

— Elle n'a pas de prix, ô roi! Je t'en fais cadeau.

Le roi la remercia et la renvoya, chargée de présents.

Et l'on voulut faire des chemises au roi avec la belle toile. On coupa le tissu, mais personne ne fut capable de le coudre. Après avoir longtemps cherché, le roi fit appeler la vieille et lui dit:

— Puisque tu as su filer et tisser cette toile, tu dois aussi savoir en faire des chemises.

— Ô roi, répondit la vieille, ce n'est pas moi qui ai filé et tissé cette toile, mais une jeune fille qui vit chez moi.

— Eh bien, dis-lui de me coudre une douzaine de chemises!

La vieille rentra chez elle et raconta tout à Vassilissa.

— Je savais, lui dit la jeune fille, que ce travail serait pour moi.

Elle s'enferma dans sa chambre et se mit à l'ouvrage. Elle s'appliqua tant que la douzaine de chemises fut bientôt prête.

La vieille les apporta au roi, et Vassilissa se lava, se peigna, se para, s'assit à la fenêtre et se mit à attendre. Bientôt, un serviteur du roi entra chez la vieille et dit:

— Sa Majesté veut voir celle qui a su lui faire de si fines chemises, et la récompenser.

Vassilissa le suivit et parut devant le roi. Celui-ci, dès qu'il la vit, en tomba éperdument amoureux.

— Non, dit-il, de ma vie je ne veux te quitter, ma belle, sois ma femme, épouse-moi!

Il la prit par sa main blanche, l'assit à ses côtés, et ce furent de joyeuses noces! Bientôt le père de Vassilissa revint de son lointain voyage, se réjouit fort et vint vivre auprès d'elle. Vassilissa accueillit la vieille en son palais, et jusqu'à la fin de ses jours garda la poupée dans sa poche.

La Princesse Grenouille

Il était une fois, dans un lointain pays, un roi et une reine. Ils avaient trois fils, plus beaux et plus hardis que ma bouche ne saurait le dire, ni ma plume le décrire. Le plus jeune avait nom prince Ivan. Quand ses fils furent en âge de prendre femme, le roi les réunit et leur dit :

— Voilà, mes fils, vous êtes en âge de vous marier, prenez chacun une flèche, sortez dans la plaine, tendez vos arcs et tirez. Là où votre flèche tombera, vous vous chercherez une épouse.

La flèche du fils aîné tomba dans la cour d'un seigneur, et la fille du seigneur la ramassa et la tendit au prince. La flèche du cadet tomba dans la cour d'un riche marchand, et la jeune fille du marchand la lui rendit. Mais quand le plus jeune tira, bien malin qui aurait pu dire où sa flèche allait tomber.

Il marcha longtemps, arriva devant un noir marécage et vit, assise sur une motte de terre, une vilaine petite grenouille, sa flèche entre les pattes.

Le prince Ivan s'en revint chez son père et lui dit:

— Que faire? Je ne peux tout de même pas épouser cette grenouille! Toute une vie ensemble, c'est que ce n'est pas rien! Est-ce là l'épouse qu'il me faut?

— Épouse-la! lui répondit le roi. C'est le destin, mon fils.

Les fils du roi épousèrent donc, l'aîné la fille du seigneur, le cadet celle du marchand et le prince Ivan sa grenouille. Au bout de quelque temps, le roi les réunit et leur dit:

— Voyons laquelle de mes brus est la meilleure ménagère. Je veux que vos femmes me fassent chacune, pour demain, une miche de pain blanc.

Le prince Ivan rentra chez lui tout contrit, tête basse.

— Pourquoi es-tu si triste, prince Ivan? lui demanda la grenouille. Le roi ton père t'aurait-il fait quelque reproche?

— Comment ne pas être triste? Le roi mon père t'ordonne de lui faire pour demain une miche de pain blanc.

— Ne t'afflige donc point, prince! Va plutôt te coucher, la nuit porte conseil!

Elle borda le prince, se défit de sa peau de grenouille et se transforma en une ravissante jeune fille, Vassilissa la Très Sage. Puis elle sortit sur le perron, frappa dans ses mains et s'écria:

— Ô mes femmes et mes servantes! Vite, mettez-vous à l'ouvrage, et faites-moi pour demain une miche de pain blanc, comme j'en mangeais autrefois, les jours de fête, dans la maison de mon père.

Le lendemain, quand le prince Ivan se réveilla, la miche était déjà prête, toute chaude, toute craquante, et plus belle qu'on ne saurait le dire! Elle était décorée, cette miche, des plus fantastiques ornements: des villes entières et leurs faubourgs de pâte la couronnaient! Le prince Ivan, tout joyeux, l'enveloppa dans une serviette et la porta à son père. Ses deux frères étaient déjà là, chacun avec son pain.

Le roi prit d'abord le pain du fils aîné, il le regarda longtemps, puis le renvoya aux cuisines. Il prit ensuite celui de son fils cadet, et le renvoya aussi. Puis Ivan tendit son pain, et le roi s'exclama:

— Voilà enfin du vrai bon pain, du pain de fête!

Et il ordonna de le faire porter à la table royale.

Puis le roi dit à ses fils:

— Voyons maintenant laquelle de mes brus est la meilleure ouvrière. Je veux que vos femmes me tissent chacune, en une nuit, un beau tapis.

De nouveau le prince Ivan revint chez lui tout contrit, tête basse.

— Pourquoi es-tu si triste, prince Ivan? Serait-ce que mon pain n'était pas du goût du roi ton père, et qu'il t'aurait dit quelque parole blessante ou fait quelque reproche?

— Comment ne pas être triste, si grand est mon tourment? Le roi mon père te remercie pour ton pain, mais il t'ordonne de lui tisser en une nuit un tapis de soie.

— Ne t'afflige donc point, prince! Couche-toi plutôt, et tu verras toi-même que la nuit porte conseil!

Elle le borda, se défit de sa peau de grenouille et se transforma en une ravissante jeune fille,

И. Билибинъ.

Vassilissa la Très Sage. Puis elle sortit sur le perron, frappa dans ses mains et s'écria:

— Ô mes femmes et mes servantes! Vite, mettez-vous à l'ouvrage et tissez-moi un tapis de soie, comme celui sur lequel je m'asseyais autrefois, dans la maison de mon père.

Le lendemain, quand le prince Ivan s'éveilla, la grenouille bondissait sur le sol, et le tapis était déjà prêt, plus beau qu'on ne saurait le dire! Il était tissé, ce tapis, de fils d'or et d'argent, et brodé de tout un royaume, avec ses villes et ses villages, ses forêts et ses monts, ses lacs et ses rivières. Le prince Ivan, tout joyeux, le prit et le porta à son père. Ses deux frères étaient déjà là, chacun avec son tapis.

L'aîné tendit son tapis à son père, le roi se le fit porter, le regarda et lui dit:

— Je te remercie, nous pourrons l'étendre dehors, devant la porte!

Le cadet s'approcha à son tour. Le roi se fit porter son tapis, le tâta et dit:

— Voilà un tapis qui est bon à servir de paillasson!

Quand le prince Ivan déroula son tapis, tout le monde en fut ébloui. Le roi le lui prit lui-même des mains, resta longtemps à l'admirer et ordonna:

— Que l'on étende ce tapis devant mon trône!

Le roi ordonna alors à ses fils de venir le lendemain au festin avec leurs femmes. Le prince Ivan s'en retourna tout contrit, tête basse.

– Qu'as-tu, prince Ivan, pourquoi es-tu si triste? Le roi ton père t'aurait-il fait quelque reproche?

– Comment ne pas être triste? Le roi mon père m'a ordonné de venir demain avec toi au festin. Comment pourrai-je me montrer avec toi?

– Ne t'afflige donc point, prince! Rends-toi seul chez le roi, moi, je te suivrai. Dès que tu entendras tumulte et fracas, exclame-toi: «C'est ma petite grenouille qui arrive dans sa boîte!»

Les frères aînés sont venus au festin avec leurs épouses richement vêtues et parées, et, tous ensemble, ils se moquent du prince Ivan:

– Pourquoi es-tu venu sans ta femme? Tu aurais pu au moins l'apporter dans un mouchoir! Dis-nous un peu où tu as déniché une pareille beauté? Tu as dû courir tous les marais du voisinage!

Soudain il se fit un tel tumulte, un tel fracas, que tout le palais en trembla. Les invités, pris de peur, bondirent de leur place, mais le prince Ivan leur dit:

– Ne craignez rien, chers hôtes! C'est ma petite grenouille qui arrive dans sa boîte!

À ce moment entra par les grilles du palais un carrosse doré tiré par six chevaux, et en descendit Vassilissa la Très Sage, plus belle qu'on ne saurait le dire. Elle prit le prince Ivan par la main et le conduisit derrière les tables de chêne aux nappes damassées.

Les invités se mirent à boire et à manger, de tout cœur à s'amuser. Vassilissa la Très Sage trempa ses lèvres dans sa coupe et versa le reste du breuvage dans sa manche gauche, puis elle goûta un morceau de cygne et cacha les os dans sa manche droite. Les épouses des frères aînés, la voyant faire, s'empressèrent de l'imiter. Quand tout le monde eut bien mangé et bien bu, l'on songea à danser. Vassilissa la Très Sage prit la main du prince Ivan et l'entraîna. D'un geste de sa manche gauche, elle fit soudain naître un lac, un geste de la droite, et des cygnes blancs se posèrent sur l'eau. Le roi et ses hôtes étaient émerveillés. Mais lorsque les épouses des aînés entrèrent dans la danse et agitèrent leurs manches gauches, tous les invités furent éclaboussés, et quand elles agitèrent leurs manches droites, un os tomba tout droit dans l'œil du roi, qui se fâcha et les chassa.

Profitant d'un moment d'inattention, le prince Ivan courut chez lui, trouva la peau de grenouille et la jeta au feu. Vassilissa arriva et, voyant que la peau n'était plus là, se fit toute triste, toute songeuse.

– Oh, Ivan, qu'as-tu fait? Il te suffisait d'attendre un peu, et j'étais à toi pour la vie, mais à présent, adieu! Tu devras me chercher au-delà des neuf pays et des sept royaumes, chez Kochtchéi l'Immortel.

Elle se changea en cygne blanc et s'envola par la fenêtre.

Le prince Ivan pleura bien des larmes, puis il se prépara, dit adieu à son père et à sa mère et s'en fut droit devant lui. Chemina-t-il longtemps ainsi, nul ne le sait, toujours est-il qu'un jour il rencontra un petit vieillard tout vieux.

– Bonjour, vaillant jeune homme, lui dit celui-ci. Que cherches-tu donc là où te mènent tes pas?

Le prince lui conta son malheur.

И. Билибинъ

— Ah, Ivan! Pourquoi as-tu brûlé la peau de grenouille? Ce n'était pas à toi de la porter, ce n'était pas à toi de l'ôter. Vassilissa est plus avisée, plus sage que son père, aussi lui en tient-il grief, et lui a-t-il ordonné de vivre trois ans durant dans la peau d'une grenouille. Mais je veux bien t'aider. Prends ce peloton de fil, et où qu'il roule, suis-le hardiment.

Le prince Ivan remercia le vieillard et se mit à suivre son peloton. Chemin faisant, dans la plaine immense, il rencontra un ours. Déjà il bandait son arc contre lui, quand l'ours lui dit d'une voix tout humaine:

— Ne me tue pas, prince Ivan! Je pourrai te servir un jour!

Il poursuivit sa route, et vit soudain voler à sa rencontre un canard sauvage. Déjà son arc il bandait contre lui, déjà sa flèche allait le percer quand le canard lui dit d'une voix tout humaine:

— Ne me tue pas, prince Ivan! Je pourrai te servir un jour!

Le prince Ivan eut pitié de lui et poursuivit son chemin. Il vit soudain un lièvre courir à sa rencontre. Déjà il reprenait son arc, déjà il s'apprêtait à tirer quand le lièvre lui dit d'une voix tout humaine:

— Ne me tue pas, prince Ivan! Je pourrai te servir un jour!

Le prince Ivan eut pitié de lui et poursuivit sa route. Il arriva au bord de la mer d'azur et aperçut un brochet étendu sur le sable, presque mort déjà.

— Ah, prince Ivan, lui dit le brochet, aie pitié de moi, rejette-moi à la mer!

Il le rejeta à la mer et se mit à longer la grève.

Marcha-t-il longtemps ainsi, nul ne le sait, toujours est-il que le peloton finit par s'arrêter devant une petite isba. Cette isba juchée sur pattes de poule, juste au bord de la mer, tournait, tournait sur elle-même.

Le prince Ivan lui dit:

— Isba, petite isba! Tourne-toi comme il se doit, dos à la mer et face à moi!

L'isba se tourna vers lui, le prince entra et vit, étendue sur la neuvième brique du poêle, la sorcière Baba-Yaga.

— Que viens-tu faire ici, vaillant jeune homme?

— Tu ferais mieux de me donner à manger et à boire, et de me réchauffer, car j'ai fait un long voyage. Après, tu pourras me poser toutes les questions que tu veux.

Baba-Yaga lui donna à manger et à boire, le réchauffa, et le prince lui raconta qu'il était à la recherche de son épouse, Vassilissa la Très Sage.

— Ah, je sais où elle est! s'exclama Baba-Yaga. Elle est chez Kochtchéi l'Immortel. Mais il ne sera pas facile de la ramener, car tuer Kochtchéi n'est pas chose aisée. Mais bon, je veux bien te dire où se cache la mort de Kochtchéi. Sa mort est au bout d'une aiguille, l'aiguille au fond d'un œuf, l'œuf dans une cane, la cane dans un lièvre, le lièvre dans un coffre, le coffre est perché tout en haut d'un grand chêne, et ce chêne, Kochtchéi le garde comme la prunelle de ses yeux.

Et Baba-Yaga lui dit où poussait ce chêne. Le prince Ivan arriva au pied de l'arbre et se demanda ce qu'il pourrait faire, comment se saisir du coffre. Il eut beau faire tous ses efforts pour secouer le chêne, l'arbre résistait toujours.

Soudain apparut, venu d'on ne sait où, un ours qui fondit sur le chêne et l'arracha. Le coffre tomba et se brisa en mille morceaux. Un lièvre en jaillit alors et prit la fuite.

Or voici déjà qu'un autre lièvre se lançait à sa poursuite, le rattrapait, le saisissait et le mettait en pièces.

Alors une cane s'en envola et monta haut, très haut dans le ciel. Mais voici qu'un canard se jetait sur elle, la frappait de son bec, et voici qu'elle lâchait son œuf juste au-dessus de la mer d'azur. Voyant ce dernier malheur, le prince Ivan s'assit sur la grève et fondit en larmes amères.

Or, voici qu'il vit soudain un brochet gagner le rivage, l'œuf entre les dents. Ivan prit l'œuf et s'en fut vers la tanière de Kochtchéi. Celui-ci, dès qu'il vit l'œuf, se mit à trembler de tout son corps. Alors Ivan jongla avec cet œuf. Il le lançait, et Kochtchéi se débattait, se démenait comme un beau diable. Mais il eut beau se démener, il eut beau se débattre, quand Ivan cassa l'œuf, en tira l'aiguille et en brisa la pointe, Kochtchéi dut bien mourir. Alors le prince Ivan entra dans son palais, prit Vassilissa la Très Sage par la main et la ramena chez lui, dans son pays. De joie, le roi fit un festin et y convia tous ses voisins. Ivan et Vassilissa vécurent longtemps heureux.

TABLE

FINIST, LE BEAU FAUCON (*traduit par Colette Stoïanov*) 3

MARIA MORIEVNA (*traduit par Antoinette Mazzi, avec collaboration de Colette Stoïanov*) 15

VASSILISSA LA BELLE (*traduit par Colette Stoïanov*) 27

LA PRINCESSE GRENOUILLE (*traduit par Colette Stoïanov*) 39

Tu viens de terminer ce livre.

Peut-être as-tu des remarques, des suggestions à nous faire?

Dans ce cas n'hésite pas à nous écrire.

Tu pourras en apprendre davantage sur le passé et le présent de notre pays en lisant d'autres ouvrages des Éditions «Radouga».

Notre adresse: 17, Zoubovski boulevard, 119859, Moscou, U.R.S.S.